北京市哲学社会科学北京学研究基地资助出版

北京学丛书·故事系列

广阳城的传说

寇殿荣　张连和　赵景贤　著

学苑出版社

图书在版编目（CIP）数据

广阳城的传说 / 寇殿荣，张连和，赵景贤著 . -- 北京：学苑出版社，2021.5
（北京学丛书 . 故事系列）
ISBN 978-7-5077-6179-5

Ⅰ . ①广… Ⅱ . ①寇… ②张… ③赵… Ⅲ . ①房山区—地方史 Ⅳ . ① K291.3

中国版本图书馆 CIP 数据核字 (2021) 第 106770 号

责任编辑：孟　玮
美术编辑：齐立娟
出版发行：学苑出版社
社　　址：北京市丰台区南方庄 2 号院 1 号楼
邮政编码：100079
网　　址：www.book001.com
电子信箱：xueyuanpress@163.com
联系电话：010 - 67601101（营销部）、010 - 67603091（总编室）
印　刷　厂：英格拉姆印刷(固安)有限公司
开本尺寸：880mm×1230mm　1/16
印　　张：14.75
字　　数：230 千字
版　　次：2021 年 9 月第 1 版
印　　次：2021 年 9 月第 1 次印刷
定　　价：68.00 元

写在前面的话

北京历史悠久，拥有三千多年建城史和八百多年建都史。

北京人文荟萃，是辽、金、元、明、清五朝帝都，也是"中华民国"曾经的都城。1949年中华人民共和国成立，定都北京，揭开北京历史新篇章。

北京见证了中华民族的发展壮大，积累了无比丰厚的文明成果，成为中国人民的精神圣地。

孔子说："温故而知新，可以为师矣。""故"就是历史，"新"是未来。以史为镜方可以知兴替，丢失了历史的民族无以知新，是没有未来的。班固在《东都赋》里指出："温故知新已难，而知德者鲜矣。"德之不存，礼崩乐坏，世事无依。两位历史巨人从正反两个方面告知了"温故"的紧要。

北京市哲学社会科学北京学研究基地组织撰写出版"北京学丛书"，旨在"温故而知新"。该丛书开始出版时只有"流影"和"纪实"两个系列，2021年增加了"故事"系列。名之曰"故事"，即以前的事，真实的或虚构的用作讲述对象的事，有连贯性，富吸引力，能感染人。本丛书的"故事"主要包括历史故事和民间故事。

历史故事是基于真实历史事件记述的故事，区别于严肃的史书记载，使用更加丰富生动的语言、更加深入细致的情节去陈述历史往事，书写历史记忆，让读者仿佛置身其中，可以更加直观地了解故事中的人物、事件、情节以及当时的社会风貌和人们的生活习俗等。

民间故事是劳动人民创作并传颂的、具有虚构传说或虚实结合内容的口头文学作品，通过叙述的方式、象征的形式讲述有寓意的事件。民间故事题材广泛，是民众生活、思想、情感的反映，也是他们审美观念和艺术情趣的表现，具有立足现实生活又富于幻想、情节夸张的艺术特色，大都质朴纯真，充满乡土气息，富有深刻寓意，表现美好愿望。

历史故事和民间故事具有重要的历史价值和现实意义，有利于我们深刻理解乡土文化和民族精神。讲故事，叙述人物、讲述事件、刻画景物、解释风俗，侧重于过程和细节的描述，强调情节的生动性。人们通过讲故事，记忆和传播着一定社会的文化传统和价值观念，追求明辨是非和惩恶扬善的道德理想，引导社会风尚的形成。

在中华民族发展的历史长河中，北京故事是中国故事的核心篇章之一。"北京学丛书·故事系列"讲述北京地区的历史故事和民间故事，留存北京的社会文化记忆，弘扬中华民族精神，传递正能量。每本书的编写或凭借个人口述、集体讲述、实地采访等直接体验，或使用历史文献间接体验，以文为主，图文互补，题材可大可小，须见事见人见精神。

北京学研究基地，是北京市哲学社会科学规划办公室与北京市教委联合设立的，是以成立于1998年的北京联合大学北京学研究所为核心、以"立足北京、研究北京、服务北京"为宗旨、以北京地域综合体为研究对象，多学科交叉互动的综合性研究平台。广泛调动专家学者、社会工作者、历史文化爱好者等各方面研究力量和资源，对北京历史文化进行多方位、多要素、多专题的发掘与研究，为北京历史文化名城保护和全国文化中心建设做贡献。

当代著名学者闻一多先生留美归来，回到久别的北京，壮怀激烈，写下诗歌《祈祷》："请告诉我，谁是中国人？启示我，如何把记忆抱紧；请告诉我这民族的伟大……"

愿"北京学丛书"能为回答闻一多先生的追问做出努力，"把记忆抱紧"，倾听北京的声音，感知"这民族的伟大"。

张宝秀

目 录

说不尽的广阳城（代序） / 001

广阳城的传说（一） 寇殿荣 著

仇老汉夜游种瓜园 / 002

梨花源的由来 / 005

苏州码子 / 008

五连襟祝寿吟诗 / 010

上梁正遇紫微星 / 014

高各庄村的传说 / 016

四口庄与饮马石槽 / 018

钥匙头村的来历 / 020

四各庄的来历 / 022

二把刀的由来 / 024

吹破天遇浑多鲁 / 026

天塌地陷广阳城 / 028

广阳城的传说（二） 张连和 著

广阳城的由来	/ 050
庞各庄西瓜的由来	/ 052
南海大士自请缨	/ 056
杀人盗宝普救寺	/ 060
牡丹仙子救广阳	/ 065
鬼联应对	/ 069
雨中香椿	/ 075
张飞怒鞭苟员外	/ 078
展员外三难新婚女	/ 082
三百五十九位员外爷的由来	/ 088
梅花仙子惩恶霸	/ 096
完颜勖审案	/ 102
八仙误走广阳城	/ 105
意外收获	/ 110
"大傻子"发家记	/ 112
贪得无厌的黑老七	/ 115
王三小奇遇记	/ 120
大青蛙与草兔子	/ 124
黄牛拉宝船的故事	/ 126
时来运转的小乞丐	/ 130

十八套逸闻	/135
喇阿宝巧得聚宝盆	/139
丝瓜钥匙	/144
铁锅和金锅的故事	/148
大孝子	/152
五狗吞吃广阳城	/155

广阳城的传说（三）　　*赵景贤 著*

三神圣走访广阳城	/162
小动物知恩图报	/193
不义人以怨报德	/200
"活桅杆"与"活旗杆"	/204
半把金豆子	/207
一口紫金锅	/208
两块竹帘子	/210
哑人城的由来	/212

后记　　/215

说不尽的广阳城（代序）

在我很小的时候，常常听村里的老人讲广阳城的故事，说得很是神奇，让人心生遐想。后来，在不同的场合，我听不同的人讲起广阳城，也是觉得懵懵懂懂，好像那是很遥远的传说，就跟听《西游记》中的故事一样，虽然熟悉却跟我们没有什么关系。很多人都知道广阳城，但是又没有谁能够说得清楚这个广阳城，这是一个有趣的问题。

一、大兴与广阳

历史上，大兴地区三代以上无郡县名，最早所属的郡县是秦广阳郡蓟县。秦王政二十一年（公元前226年）秦军攻占燕都蓟城，二十五年（公元前222年）灭燕，设置广阳郡，辖蓟、良乡两县，郡治蓟县，故城在今北京市西城区西南部广安门一带。秦二世元年（公元前209年），陈胜、吴广起义反秦，上谷卒史韩广占蓟城，自立为燕王，郡遂废除，改称广阳国。

汉高祖刘邦设燕国。汉武帝元朔二年（公元前127年）之后无燕王之封，实降为郡。汉武帝元狩六年（公元前117年），封皇子刘旦为燕王，设置为燕国，定都蓟。汉昭帝元凤元年（公元前80年），燕王刘旦反，国废除，改为广阳郡，治蓟。汉宣帝本始元年（公元前73年），封子刘建为广阳王，改广阳郡为广阳国。据《汉书·地理志》，西汉广阳国辖蓟、方城、广阳、阴乡四县。在王莽篡位时期，广阳国被改为广有郡。东汉建武二年（公元26年），立刘良为广阳王，改置广阳国。建武十三年（公元37年）广阳国并入上谷郡。东汉永元八年（公元96年），复置广阳郡，辖蓟、广阳、昌平、军都、安次五县，郡治蓟县，同时也是幽州刺史治所。

三国时期魏黄初年间，广阳郡改为燕郡。魏明帝太和六年（公元232年）改为燕国，仍治蓟，辖蓟、广阳、昌平、军都四县。

西晋仍设燕国，都蓟，统蓟、广阳、昌平、潞等县。

北魏、东魏至北齐初期，在幽州燕郡下设有广阳县。北齐天宝七年（公元556年）广阳县并入蓟县。此后，未再设广阳县。但是，在原县治旧址的广阳城一直存在。

"广阳"这个地名历史悠久，必然会在区域历史地理上留下不可磨灭的痕迹。西汉始设的广阳县治旧址，在今房山区长阳镇北广阳城村，2021年8月被列入第九批北京市文物保护单位名单。

从大的建制沿革上，可以笼统地说今天的大兴区在秦汉时期一直属于"广阳郡"的统辖范围。西汉开始设置广阳县以后，至北齐初期不再设广阳县，期间今大兴区一直邻近广阳县或部分区域属广阳县管辖。

二、这个广阳城其实不是城

如今，房山区良乡还保留有"广阳城"地名，分别称为"北广阳城村""南广阳城村"。而在大兴，今天却没有叫"广阳"的地方。那么，我们小时候听到的传说是以什么为依据流传下来的呢？

金贞元元年（公元1153年），金海陵王迁都燕京，改称析津府为大兴府，下辖大兴（原名析津，1154年更名大兴）、宛平、安次、漷阴、永清、宝坻、香河、昌平、武清、良乡十县和广阳一镇。《金史·地理志》于大兴县下记有"镇一广阳"。金代广阳镇，位于庞各庄北偏东约四公里处，和西汉曾在蓟南设置的广阳县县治不在一址。

1982年在庞各庄东安定附近出土八面经幢一块，是金明昌五年（公元1194年）右班殿直广阳镇商酒兼烟火督监李之问为其母所建。这成为《金史》

中大兴县领广阳镇记载的佐证。《金史》中还有广阳镇是产酒盛地的相关记载。金世宗大定九年（公元1169年），"大兴县官以广阳镇务亏课，而惧夺其俸，乃以酒散部民，使输其税"，因此被解职。元代广阳镇衰落，但其制酒传统和工艺在庞各庄延续了下来。到了清代，仅有一千多户的庞各庄镇就已经拥有北裕丰、中裕丰、南裕丰、隆兴号、永和号等五大烧锅，日产白酒四吨左右，成为庞各庄镇商业中的五大支柱之一。当时有一句最为流行的歇后语："到了庞各庄不喝酒——必是眼子手。"（不开眼、不识货的意思）据说当时庞各庄的白酒除供京城之外，还曾远销长江以北各省。

清初大兴学者刘献庭著有《广阳杂记》一书。该书序言中有刘献庭的介绍："刘献庭者，表字继庄，一字君贤，别字也者，广阳子焉。直隶大兴，广阳镇人。顺治五年（1648年），生于大兴广阳。康熙三十四年（公元1695年），溘然卒于吴下。"也就是说，到了清朝初年，在大兴还保留有以"广阳"这个词为名称的镇。

据《庞各庄镇志》主编赵景贤先生的考证，广阳镇城大致方位是在庞各庄北，黄村以南，原天堂河左畔的京开高速公路以东。这座小城南北长约二点五公里，东西宽约一点五公里。它周围的村庄分别是：北邻近处无村，只有一块偌大的开阔地，北端的村名为饮马井，距"广阳城"约三点五公里；偏西北为天宫院，与广阳相隔天堂河和京开公路；西邻北藏村、中藏村、大藏村；西南为东中堡、西中堡；正南为郭家场；东南为四各庄；东为东枣林庄、西枣林庄、西庄；东北为狼各庄。从其四至分明的地理位置看，原广阳镇的具体位置恰恰就是以如今的天堂河农场为中心。

庞各庄镇真的是距"广阳城"约四公里吗？按当时的情况，这种说法是对的。因为当时的庞各庄镇是东西向大街。到了明朝后期，永定河决口把原庞各庄尽皆冲毁，后来重建庞各庄时，在吸取教训的基础上才把庞各庄三里长街改为如今的南北走向。因此，现庞各庄与原"广阳城"的距离应是约二点五公里。

1952年大兴县（现大兴区）文物部门曾在全县范围内进行过一次文物大普查，在"广阳城"遗址仍发现有不少残砖碎瓦和陶瓷片。据有关专家认定，这些散落物皆属我国汉至金、元时期的遗物。

三、关于广阳城的消失

一是比较迷信的说法叫名字犯冲。这种说法的理由是广阳城周边的村子分别是天狗院、狼虎庄、四狗庄。试想，广阳城的"阳"字与"羊"字是同音字，羊哪能与虎、狼、狗长期共存？所以遭灭亡的必定是羊！这种说法虽然带有一些迷信色彩，但历史上这种"犯地名"的事却也不乏例证。广阳城消失后，这三个村的名字先后改叫天宫院、狼各庄、四各庄。

二是民众的解释。当地老百姓都说广阳城里的达官贵人奢靡无度，道德丧尽，以至天怒人怨。于是上天下大雨、发大水，外加地震，把这个纸醉金迷之城消灭得无影无踪。

三是其他原因。有说是因地震消失的。从元代开始至清代，先后有五次地震，分别发生在1290年八月、1337年八月、1376年九月、1679年七月、1730年八月。特别是1337年那次京师大地震，连震六天。

我更倾向于是因为洪水。大兴地处永定河冲积平原，地势平坦，只要永定河发洪水，大水就会在这里肆意奔流。今天的南海子湿地、龙河、凤河、天堂河都是永定河泛滥后留下的遗迹。从元代开始到清末，大兴共发生大的洪灾二十二次。在大自然这么多次的蹂躏面前，一个没有围墙的"广阳城"还怎么可能保留下来呢？广阳城随着永定河水的咆哮永远消失了。在大兴区的考古工作中，我们经常发现不同时期古墓遗址的重叠现象，这说明一个原有的人类社会在大自然的一场洪水面前，瞬间被摧毁和掩埋了。

四、关于作者

本书的作者是三位八十多岁的老人，他们对家乡有着深厚的情感。在他们成长的过程中，广阳城的传说更是吸引了他们。

寇殿荣先生是永定河左堤下的梨花村人。梨花村过去叫南庄，距离永定河不到一公里。这里沙土遍地，梨树茂密。寇先生从小就听到很多的传说故事。从20世纪七八十年代开始，他走访了梨花村、赵村、韩家铺、孔家铺、石堡、太子务、履磕等几十个村子。通过走访老人、田野调查、寻访遗址遗迹，他收集了永定河流域的民间传说和故事，其中《梨乡传说》《浑河儿女梨乡情》已经出版。本书收入的故事是从当时收集的广阳城故事中精选出来的，非常精彩传神，是永定河沿岸民间文学的典型。

张连和先生是大兴本土一位创作勤奋、著述颇丰的作家，是大兴地区第一批加入中国作家协会的作家，曾经创作了五部电视剧（拍摄两部）、四部长篇小说，以及近五百万字的各类文艺作品。在20世纪80年代后期，为了搜集文学创作素材，他在老家东白疃村，采访了村里老人，也走访了邻近的加禄垡、大狼垡、陈各庄、岳家务、北李渠等村子。这些村子距离广阳镇遗址很近，几乎人人都能说出广阳城的几个故事。尽管这些故事大同小异，但是却极大地激发了他的兴趣。在完成了几部计划中的长篇小说之后，张老先生对这些传说故事进行了整理，对故事中的不合情理之处进行了修正，使得故事更完整了。

赵景贤先生已年近九旬，是庞各庄镇的一位离休老干部。在1956年前后，他曾经随大兴县（现大兴区）文化局考古队勘察过广阳城遗址。他在工作的时候就注意收集庞各庄镇的历史文献资料，并于1991年主编出版了《庞各庄镇志》。在此过程中，他多次接触到关于广阳城的传说故事，同年出版了《庞各庄故事选》，收入的第一个故事就是《广阳城的传说》。他还做了深入的研究和考察，对广阳城做了考证。

三老的作品语言风格不同，本不可以放在一起，但是"广阳城"这个让人心生遐想的主题把这些作品联系起来。承蒙三老的信任，我承担了本书的编校工作。现在三老的作品按《广阳城的传说》(一)(二)(三)体现出来，既是独立的个人作品，又是同样一个主题，为一直流传在民间口语化的传说确立了一个版本。

关于广阳城，以后或许还会有新的传说、新的故事、新的发现。它的面纱让人充满猜测，充满期待。因此，广阳城的传说，还没有完……

杨喜来

2021年8月

广阳城的传说(一)

寇殿荣 著

仇老汉夜游种瓜园

都知道庞各庄的西瓜沙、甜、脆，有人说是与土质有关，还有人说与籽种有关，说这里的瓜籽是从广阳城里带出来的。

传说很早以前，庞各庄东北有一座广阳城，城里住着三百六十位员外。这些员外不干好事，惹怒了上苍，上苍降下了天塌地陷之祸，使很多百姓受到了牵连。这座广阳城消失以后，很多金银珠宝被埋没。有人说这座城六十年重现一次，因此，在这一带有不少南方人憋宝的传说。

这座城是否重现过？传说有个姓仇的老汉曾进过重现的广阳城，并带出了种瓜的瓜籽。

仇老汉居住在庞各庄附近，他每天起得很早，出去遛弯儿。一次，他以为天快亮了，就起了床。到门外一看，朦朦的月色，他就离开了家门。没走多远，天空降下了漫天大雾。他左转右转，便迷失了方向。

忽然，他见前面有一座古城，十分壮观。城楼上镌刻着"广阳"两个鎏金大字。他见城门里灯火辉煌，人声鼎沸，便走了进去。里面是一个很大的农贸交易市场，有买有卖，非常热闹。他见有很多卖瓜的人，便走了过去。

卖瓜人是个年轻的小伙子，长得慈眉善目，问他买什么瓜。他说想买个大西瓜，回去后当作籽种。卖瓜人告诉他，这些瓜虽然个头很大，但只能买回去吃，不宜作为籽种，因为这些瓜生长期并不长。忽然，那个年轻人问道："你姓仇吧？"仇老汉说："对。你怎么知道？"那个年轻人说："我看你的五官，很像你的曾祖。你的曾祖和我是表兄弟，咱们还是亲戚呢。"仇老汉说："你和我的曾祖是表兄弟，你怎么这么年轻呢？"只见年轻人微微一笑，再问不答。

年轻人见仇老汉想买西瓜回去当籽种，便对他说："我带你去种瓜园看看吧，那里都是好的瓜种，离这里不远。"说罢，年轻人让旁边一个卖瓜人给他看着瓜摊，便领着仇老汉去看种瓜。

没走多远，来到种瓜园。只见眼前一块很大的西瓜地，满地都是西瓜。那个年轻人指着面前的几个西瓜说："你看，这些瓜叫'黑绷筋'瓜。凡是西瓜皮上刻有十字的，都是早期坐着胎的瓜，时间最长。用它当种瓜，第二年的瓜才能长得最好，个大、瓤甜、肉脆。"说着，又带仇老汉来到甜瓜园，对他说："甜瓜分两种，一种是白甜瓜，皮上有浅黄色，这种瓜又甜又脆。再有一种就是花甜瓜，又甜又面的瓜，上年纪人吃好嚼一些。"仇老汉指着眼前一个又香又大的瓜说："这是什么瓜呀？比西瓜个小，可比甜瓜个大。"年轻人告诉他："这种瓜叫面墩子瓜，最适合老年人吃，一个就能吃饱呢。只是买的人少，所以在甜瓜地里种上几个，就够家里人吃的。"这时，仇老汉见甜瓜旁有的插上了小棍儿，便问是怎么回事。年轻人告诉他："这是作为种瓜留下的标记，你别看有的瓜长得个头不小，但不一定就是种瓜。种瓜是按时间计算的，时间短的长得再大再好，也不能作为种瓜。都说'瓜熟蒂落'，你看，有很多插棍儿的甜瓜瓜把儿都掉了，这是最好的种瓜。这就叫'西瓜刻十字儿，甜瓜插小棍儿'。"仇老汉从衣兜里掏出几个铜板，要买几个种瓜。年轻人笑着说："这里用的是纸币，不用铜板。我见你很实在，咱们又是亲戚，这里有新晾干的瓜籽，我给你一些回去种吧！"说完，年轻人将西瓜籽、白甜瓜籽、花甜瓜籽分别用纸包好，递给了仇老汉，同时捏给了他几个面墩子瓜籽，让他回去种在甜瓜地里。

两个人刚刚离开种瓜园，就听远处一声鸡叫。年轻人大喊一声："快跑！"顷刻间所有的人都变成了厉鬼，伸出毛茸茸的大手……仇老汉拔腿就跑，只见广阳城的那扇大门吱吱作响，就要关闭。他猛地往外一撞，冲出了大门，就听身后一声巨响，再一细看，广阳城踪迹皆无，只剩下漫天的雾气。

天近正午，仇老汉疲惫地回到了家，和家人谈起了此事。原来，广阳城里的那些人是天塌地陷时的冤魂野鬼。难怪那个年轻人说和仇老汉的曾祖是表兄弟，并不肯收铜板。

仇老汉把从广阳城里带出来的瓜籽种上，并把坐胎最早的瓜刻上了十字、插上了小棍儿作为标记。从此，庞各庄一带的瓜代代相传，越种越好，总是沙、甜、脆。

梨花源的由来

庞各庄镇梨花村北,有一个接待游人的去处,一块巨石上镌刻着"梨花源"三个遒劲有力的大字。这是为什么呢?原来这里还有一段传说。

很早以前,在这一带住着一位姓冷名丽华的姑娘。父亲冷如冰常年在外经商,有一笔很大的财产,她和母亲看守着家业。母亲叫她丽华,冷艳是父亲为她长大后取的学名。就在丽华十五岁那年,父亲纳妾,又给她领进个姨娘,还带来一个比她小五岁的妹妹。这个姨娘姓狄,是因在上天乱性而被贬到人间的一条母天犬。狄氏身边还有一女,名叫小燚,是她前夫的遗孤。

狄氏自进了冷家门,一意孤行,十分高傲。时间一长,她便让丽华娘和丽华干这干那。稍有不如意,她便大骂连声,非常刁蛮。她不让丽华上学,却让小燚去读书。冷如冰又经常不在家,偶尔回家一次,也对她无可奈何。小燚帮助她娘,更是助纣为虐。时间不久,丽华和她娘便被狄氏轰出了大瓦房,住进了两间临时搭起的窝棚里。母女二人哭了一夜,丽华娘自我安慰地说:"咱们出来也好,省得看她们那副嘴脸。"丽华娘每天还得给狄氏母女洗衣服、做饭。丽华每天去拾柴,为姨娘她们烧炕;有时还挨打挨骂,甚至吃不上饭。这一切,都被邻居金大妈看在眼里。金大妈丈夫早丧,无儿无女,孤身一人。她很心疼丽华母女,经常把一些好吃的东西偷偷地送给她们。因此,她们母女俩对金大妈非常感激。村子里有个姓杜的小伙子,爹妈死得很早,很小就挑起了家庭的重担。他比丽华大两岁，每次见到丽华到井台上担水，他都主动地帮忙，有时还帮助她拾柴。时间长了，两个人互相产生了爱慕之情，只是碍于情面，不便开口。

丽华一天天长大，很快成了如花似玉的大姑娘。她皮肤白皙，长得很美，但从不爱笑。只是见到杜大哥时最开心，她才能露出笑靥。

一年冬季，天气很冷。天空阴沉沉的，飘着雪花。丽华穿得十分单薄，一个人又去拾柴。这时，她见前面的树上有一只非常好看的鸟，但叫不出名字。这只鸟见了她，"扑棱"一声飞走了，从身上掉下了一根羽毛。丽华赶忙捡起，谁知那根羽毛又变成了这只鸟。这只鸟将她背在身上，让她赶快闭眼。丽华只觉得身子已经离开了地，耳畔风声呼呼作响。大约一顿饭的时间，她才由空中落下。睁眼一看，她来到了一个很大的果园，只见果园内百花齐放。园门前的匾额上，书写着三个斗大的篆字：百果园。

这时，从园子里跑出一群仙女。她们纷纷喊着："梨花仙子来了！"只见一个长得最漂亮的仙子对她说："怎么去了才十几天，就不认识我们了？怎么还像以前一样对姐妹们那样冷淡，难怪王母娘娘让你到人间去，经受一下人间的磨难。"站在她身后的桃花仙子忙对丽华说："你怎么都记不起来了？这是咱们的花中之王——牡丹大姐。刚才接你的是鸟中之王——凤凰。在我们这里还有兽中之王——老虎。"牡丹仙子笑了笑，对丽华说："这回你是留在天上，还是返回人间？由你自己选择吧！"丽华忙说："我还要回去，那里有我的母亲。她一定会受姨娘的气，我不放心。金大妈怎么样了？我的杜大哥怎么样了？反正我还要回去！"牡丹仙子又说："那也好，不过还得等三个多月，现在这里正在培育梨树的接穗。这次你到人间去，要把这冰清玉洁的梨花种子带上，使人间和天上一样，永远有梨花。"

就这样，丽华在天上住了下来。她每天和姐妹们一起玩耍，一晃就是三个多月。

一日，牡丹仙子把她叫到跟前，对她说："你准备一下，最近就要到人间去。你的老家很适合梨花的生长，便于种植梨树。那里是浑河决口冲击成的'蒙金土'，又有你的杜大哥，他在五行当中占了土和木，只有土才能生木。你在人间姓冷名艳。冷是你的性格，艳是你的美丽，丽华是说你美丽华贵。这冷虽然水少了一点，但只要有水，木就能生根。只是那个火字与你无缘，你的姨娘姓狄，她身边又有小焱。水火不相容，难怪你们合不来。"

这时，丽华又问："牡丹大姐，我回去后还和那个姨娘一起生活吗？"牡丹仙子莞尔一笑，对她说："我的傻妹妹，你忘了天上一天，人间就是一年。你在天上已经待了三个多月，那就是百年啊，她们早就不在人世了。不过我告诉你，你那姨娘和小焱死得最早。那里距广阳城很近，在广阳城天塌地陷时，村中大多数的房屋震倒了。你那姨娘和小焱，正在梦中就被砸死了。可是你的母亲因住的是临时搭的窝棚，没有被砸死，她又活了几十年。直到死那天，仍盼你回去。"丽华听到这里，禁不住泪流满面。牡丹仙子又告诉她："金大妈和杜大哥也没有被砸死，后来这三个人生活在一起。老姐俩负责家务，杜大哥负责地里农活，日子过得还比较宽裕。两位老人死时，杜大哥哭得死去活来。他终生未娶，心里只有你丽华。直到他闭眼的时刻，仍喊着你的名字。"听到这里，丽华已是泣不成声。牡丹仙子告诉她："你回去后，家已经没了。你顺着我指的方向往下看，现在人间正是清明节，你到人间后，就在坟上为你的亲人们烧纸祭奠吧，这也是你的一片孝心！"

牡丹仙子还告诉她："梨花是梨树上开的花，必须要用刀子嫁接在杜树上，才能开花结果。杜树上面有刺，那就是杜大哥变化的。因此，梨字是由禾与木加戳刀组成。"

丽华带上梨树的接穗，拿起刀子，由凤凰护送到人间。

她落到浑河东岸，在这块"蒙金土"上找到了杜树进行嫁接，很快长出了梨树，并绽放了花朵。这花冰清玉洁，雪作肌肤玉作容，简直就是一片香雪海。远看如烟，近观似雪。此时的丽华正身穿孝服，在坟前啼哭，并为亲人焚钱化纸。

从此以后，每到清明节，梨花开得最盛。人们说："这花是为死去的亲人穿白戴孝，梨花就是丽华的化身，她就是梨花仙子。"

从那时候起，梨树遍布整个大地。传说都是由这里打的接穗，才有的梨树和洁白的梨花。这里是梨树的发源地，这里的梨花最美。所以，人们管这一带叫作"梨花源"。

苏州码子

传说很早以前，广阳城里有三百六十个员外。这些员外无恶不作，尤其是利用当地农民没有文化，在收购农产品时任意减少数量。有的农民写不会写，算不会算，只会简单的掐手指头算账。数字一大，他们就不知道多少了，因此只能任凭这些员外宰割。这件事被天上的玉皇大帝知道了，便派八仙之一的吕洞宾下界，向百姓传授一种简单的记账方法，也就是一种表示数目的符号，叫作苏州码子，又称草码。

吕洞宾来到广阳城后，见那些员外十分嚣张，对农民连打带骂，农民敢怒而不敢言。与其说是收购，倒不如说是明抢，一大车瓜梨也给不了多少钱。于是，吕洞宾打扮成一个腌臜和尚，和员外们辩理，结果被员外们打了一顿。员外们每人带一条狗，员外用手一指，狗便一阵狂吠，撕破了和尚的袈裟。人们说员外是狼一样的心肠，真是狼心狗吠，以后便演变成了"狼心狗肺"一词。

腌臜和尚在广阳城里不方便向农民传授苏州码子，便来到瓜果之乡的浑河岸边。

正是秋高气爽的八月。金风习习，香气阵阵，一群农民正在收梨。腌臜和尚便凑到果农面前去化缘，果农很高兴地让他吃梨，并给他备了充饥的斋饭。和尚见这里的人卖梨用掐手指算账的办法，不仅算得慢，而且还算不准。还有的在梨铺上摆了几个梨，然后一个一个地算。和尚见了哈哈大笑，便把苏州码子传授给大家，结果算起来非常方便。这时，有果农问高僧自何方而来，到何方而去。和尚说自己是云游僧，由广阳城而来，自幼在苏州金山寺出家，现在云游四海。说罢，拄着拐杖向远方走去。

从此后，苏州码子在这一带便流传开了。用这种数目符号算账，当时很普遍。后来，苏州码子被阿拉伯数字逐渐取代。

表1 阿拉伯数字与苏州码子对照表

类别	数 字 写 法									
阿拉伯数字	1	2	3	4	5	6	7	8	9	10
苏州码子	丨	丨丨	丨丨丨	Ⅹ	〇	〡	〢	〣	攵	十

（过去，汉字的排列都是自右向左竖写，苏州码子也不例外。如二十，两个十字连写就写成 卄；三十写成"卅"；四十写成"卌"，以此类推。如过百或过千便加进"百"字或"千"字。）

五连襟祝寿吟诗

唐武后垂拱四年（公元688年）农历五月，一个日暖风和艳阳天，广阳城里的訾员外正在庆祝六十大寿。这訾员外膝下无子，只生了五个千金，分别取名娉娉、婷婷、娇娇、姗姗、娜娜，如今都已婚配。大姑爷是当朝宰相，二姑爷是兵部尚书，三姑爷是百万富商，四姑爷是教书先生，只有五姑爷是种地农民。

訾员外的寿宴就安排在后花园里。这里十分僻静，楼台亭榭，小桥流水，风光旖旎，景色宜人。园中有四种树，杏树、桃树、梨树、槐树。有的已花凋蕊谢，有的正破茎绽蕾。

訾员外夫妻俩对这五个女婿也不是同等看待。大姑爷和二姑爷身居高官，最受岳父岳母的厚宠。三姑爷有钱家业大，也能讨得二老的欢心。四姑爷虽然是个教书先生，但满腹经纶，也能博得老人的喜爱。只有五姑爷是个土里刨食的农民，訾员外夫妇最看不起他。在他们五个人当中，襟兄们也常把他当成笑料，开他的玩笑。尤其是岳母的眼神，更让他难以忍受。五姑爷见了，装作看不出来，有时还傻笑一阵。因此，人们都认为他缺心眼儿。其实五姑爷心里有数，他除了每天下地干活外，抽出闲暇时间就自己学习。有时说出话来，也是出口成章，但他从来不在众人面前炫耀或张扬。这次来给岳父做寿，他早料到会有人戏弄他。但他不露声色，他想来个将计就计，在众目睽睽之下，要让四位襟兄看一看自己并不比他们差。

果然,四个大姑爷在酒宴上提出要用诗来介绍自己。岳父岳母一听,欣然同意,都想看一看五姑爷如何出丑。这天来祝寿的人很多,都是些高朋贵友,大家都想看一看五位姑爷的学问如何。訾员外说从大姑爷开始,一个一个地来。只见当朝宰相清了清嗓子,品了一口香茶,站起身来不慌不忙地吟道:

上马人服侍,下轿奴婢搀。光宗又耀祖,朝廷坐高官。

很快赢得一片掌声。接着是兵部尚书二姑爷,他站起身来,非常高傲地吟道:

官爵居显位,兵部尚书郎。军权手中握,聊发少年狂。

又赢来一阵掌声,时而还有欢呼声。

下面该百万富商三姑爷了,只见他将胸一挺,摆出一副蔑视一切的样子,用眼看了一下众人,高声吟道:

财进如流水,终生用不完。朝臣焉能比,五更高枕眠。

大家也为他鼓了掌。接着是教书先生四姑爷,只见他文质彬彬地站了起来,一字一板地吟道:

何惧风和雨,常年不出庐。桃李满天下,状元是吾徒。

人们听了,不住地点头,也为他鼓了掌。

最后,是种地农民五姑爷。他听了四个襟兄作的诗很不满意,这分明是标榜他们自己。因此,他便腾地一下站了起来。只见他将前面的半盏残茶一饮而尽,声若洪钟,高声吟道:

祖辈是农民，生来爱土地。没人去种田，尔等吃个屁。

人们听了哈哈大笑。虽然语言粗俗，但却合情合理，也应该为他鼓掌。因此，传来一阵欢呼声和掌声。

这时，岳父又对五个姑爷说："今天你们给我祝寿，我也高兴，我要看一看你们的学问。还是先由大姑爷起吧，这次作的诗都要有什么花好看，怎么好看，招来了什么围住它转，然后又被什么搅散。"其实，岳父和四个姑爷早有安排，只是没告诉五姑爷，还是想让他出丑。

大姑爷看了看眼前的老杏树，说道：

　　杏树开花好看，真是妩媚娇艳，招来一双双蝴蝶围住它转。呼啦，呼啦，都被杨柳风吹散。

说完，洋洋得意，饮了一口酒。
接着是二姑爷，他看了看身后的幼桃树，说道：

　　桃树开花好看，真是多姿灿烂，招来一群群蜜蜂围住它转。吧嗒，吧嗒，都被黄昏雨打散。

说完，沾沾自喜，饮了一口酒。
这时，三姑爷站了起来，看了看左边的棠梨树，说道：

　　梨树开花好看，真是雪白一片，招来一个个黄莺围住它转。扑棱，扑棱，都被鹞鹰子追散。

说完，撇了撇嘴，饮了一口酒。
四姑爷这时早已沉不住气了，他站起来看了看右侧的刺槐树，高吟道：

> 槐树开花好看，真是嘟噜成串，招来一对对紫燕围住它转。噼啪，噼啪，都被冷冰雹砸散。

说完，咂了咂舌，也饮了一口酒。

轮到五姑爷了，他一看园中的四棵树都被别人占了，这分明是在难为自己。他正想怎么办，忽然眼前一亮，见丈母娘头上插了一支火红的石榴花，只见他高声吟道：

> 岳母戴花好看，真是绚丽妖艳，招来一帮帮野汉围住她转。乒乓，乒乓，都被老丈人赶散。

话音刚落，在座的人已笑得前仰后合，有的喷了一桌子酒饭。

訾员外像一只木鸡，呆在了那里。他觉得十分尴尬，不知说什么好。丈母娘被气得一时说不出话来，浑身发抖，嘴唇打战，一甩袖子，便离开了后花园。

上梁正遇紫微星

唐朝贞观年间，国泰民安，可称盛世。唐太宗李世民亲眼看到了隋炀帝时的十八路反王、六十四处烟尘，因此，在他执政期间得出一个结论：君如舟，民如水，水能载舟，也能覆舟。所以，他经常微服私访，体察民情。

这一日，李世民带着宰相魏征和老臣程咬金来到广阳城。君臣三人入城后，正赶上炎炎夏日。天已过午，他们口干舌燥，想找个僻静的地方暂时休息一下。这三个人可不是一般人，一个是当朝天子，紫微星下界；一个是知晓天文地理的文曲星临凡；另一个是东挡西杀的武曲星转世。他们转来转去，走到广阳城的东北角。见这里正在大动土木，建筑民宅。奇怪的是，这里鸦雀无声，一个人没有。房子已立好架，只等上梁了。新房中间放了一张八仙桌，上面摆着茶壶茶碗，壶中的茶水正冒着热气，旁边还有几把太师椅。君臣三人也顾不得这许多，便来到桌边落座。三个人一看，建房主人绝非一般百姓。房子盖得气派，占地很大，而且用的都是上等木料。宰相魏征忍不住站了起来，迈开双腿，一步五尺地量开了房基地。程咬金是武将出身，更为好动。今天，他见眼前长柁粗檩大明柱，便上前用胳膊搂抱，看一看这柱子到底有多顶。他抱了东边的又抱了西边的，抱了南面的又抱了北面的。李世民在中间一坐，只顾品他的香茶，还不时朝着二人点头微笑。

这时，就听有人高喊："上梁！"只见一个三十多岁的人身轻如燕，带着几个木匠，登着梯子，很快攀上了屋顶。随后便有人将一架又粗又直的檩举过了头，三下五除二便上好了梁。这梁中间是八卦阴阳鱼，两旁写着"八卦通天地，六爻惊鬼神"。随后，院子里跑出了几十个人跪在院中，为首的一位长者带头高呼"皇恩浩荡，吾皇万岁万万岁！"李世民一见，急忙起身搀起众人，对大家说："这里不是金銮宝殿，不必行君臣大礼，快快请起。"待众人站起身后，便问究竟。

原来，建房的是广阳城里有名的大户，人称善员外。此刻君臣坐在中间，善员外向众人一一做了介绍。他说那个先上房的年轻人在广阳城里很有名气，他们家祖辈都是木匠。早在他父亲当木匠时，正赶上善员外新盖的房要打窗户。谁知来了不少木匠设计样式，善员外都不满意。最后他还是用了那个年轻人的父亲，结果做出后都是"卍"字，被称作"万字不到头"，很受善员外的赏识。也正在这时，家里人来报信，说木匠的妻子给他生了个儿子。为此，他便给儿子取名"小万"。后来小万长大继承父业，都称他为万师傅。

这时，李世民又问："你们怎么知道朕今天到这里来？"善员外说："不瞒您说，我盖房是急等着用，要不然怎么会赶在雨季动工？我们家准备娶儿媳妇。我儿媳妇名叫桃花女，自幼研读周易，会看风水。"这时，魏征忙在一旁插话："您可知道，今天虽然是个黄道吉日，但没有好的时辰，如何敢上梁？"善员外说："我那儿媳妇告诉我，今天虽然没有好时辰，但当朝天子驾到，就是最好的时辰，况且又有二位相陪。她说今天午后正是紫微星坐中央，文曲星把地量，武曲星抱四方。所以，我们选这个时辰上梁。"

此刻，只见万师傅早已安好了门口。一副墨迹未干的火红的对联，贴在了两边的门框上。上写：立柱喜逢黄道日，上梁正遇紫微星。横批：安门大吉。

夏季，天气说变就变。恰巧飞来了一片乌云，随后刮起了一阵凉风，接着下起了倾盆大雨，众人都跑进了善员外的客厅。时间不大，雨过天晴，东边天上出现一道彩虹。李世民指着新建的房说："雨浇梁，住新房。"因皇上说的话是金口玉言，后来上梁时如赶上下雨，人们都认为是好事。同时，这告诉人们，上梁时只选黄道吉日还不够，最好还得遇上紫微星。直到今天，农村盖房时，大多数人还习惯地用这副对联。

高各庄村的传说

> 阁老庄门九丈九,刺破青天接牛斗。六月降雪倒庄门,广阳城内不见人。
>
> ——民谣

浑河东岸的高各庄村分北高各庄村和大高各庄村(南高各庄村),大高各庄村又分东高各庄村和西高各庄村。

传说很早以前,高各庄村叫高阁庄村。当时村里住着一位姓高的阁老,此人很有权势,当朝天子都敬他三分。尤其是高阁老的房屋建筑,皇上曾亲口讲过,高度可以超过他的金銮宝殿。因此,高阁老村的庄门,建了九丈九尺高。

那时,在高阁老村东北有一座广阳城。传说站在广阳城的城门楼上,能见到高阁老村的庄门。如果是晴天,还可以看到庄门内的楼台亭阁。有人说这些高高的楼台亭阁和天上的宫殿一样,在阳光的折射下,形成海市蜃楼一般的奇景。

当时在广阳城内,住着三百六十户财主,人称员外爷。他们宁可用白面饼喂狗,也不肯周济穷人,作了不少孽。他们的所作所为,惹怒了上苍。

一年六月,炎热的夏季忽然变得像冬天一样寒冷。顷刻间乌云密布,大雪纷飞。这雪初时如盐，后如杨花柳絮。到最后大如鹅毛，越下越大，整个世界银白一片。谁知这雪才停，高空中一道闪电，紧接着一个炸雷，高阁庄村的庄门被雷击得粉碎。顿时天崩地裂一声巨响，广阳城一股浓烟过后，踪迹皆无。

后来人们说，这是天塌地陷。高阁庄村的庄门是一根擎天柱，所以尽管庄门倒塌，天总算没塌下来。可是，广阳城却被陷到了地下。有人说，这座广阳城六十年才能出现一次。因此，在这一带有很多关于广阳城的传说。

高阁庄村没有了庄门，人们便把高阁庄村改成了高各庄村，一直延续至今。

四口庄与饮马石槽

京开高速公路庞各庄段以东有个四各庄村。关于这个村名,有很多说法。有的说过去曾叫四狗庄、思狗庄、思过庄等。还有一种说法,那就是叫四口庄。

传说很早以前,庞各庄东、四各庄北有一座广阳城,城里住着三百六十个员外。这些员外吃喝嫖赌、坑蒙拐骗,无所不为。他们勾结当地官府,有权有势,百姓只好将苦水往肚子里咽,敢怒而不敢言。

一年夏天,这三百六十个员外表面上说是为卖瓜人和牲畜喝水方便,要打一眼水井,实际上是把从百姓手里敛来的钱绝大部分归为己有,只是用少部分去打井。

这座广阳城初建时,是按天干、地支、五行、八卦建造的。所以这次打井先从北门开始,因北方属壬癸水。谁知这事被上方的日值功曹知道了,他便对北门的井龙王说:"这些员外只顾捞钱,不管百姓的死活,人们一肚子苦水没地方伸冤,你就把井水变为苦水吧!"果然,北门打出的井是苦水。接着是庚辛金的西门和甲乙木的东门,结果井龙王都是按照日值功曹的意思,给送来了苦水。这时,观音菩萨正由此路过,她一见四眼井有三眼都是苦水,这就更苦了百姓。

广阳城内有一个大的农贸市场,十分繁荣。每年夏天,四面八方的瓜农都要来这里卖瓜。夏天本来天气就热，再没有一口好水井，人畜就要被渴得七窍生烟。因此，观世音菩萨告诉日值功曹，无论如何也要打一眼甜水井，供瓜农和牲畜饮用。

现在，只剩下广阳城南门了。因南方属丙丁火，比别处更热，更需要水。观世音菩萨告诉了口值功曹，让他转告井龙工，这眼井一定要打出甜水来。打井人不辞辛苦，昼夜奋战。只见一股清泉汩汩涌出，井水清澈，又甜又凉。人们欢呼跳跃，纷纷来品尝新打出的井水。

四门的井都打齐了，除了南门的井外，其他三眼井因苦没人喝，只得用来饮牲畜。只有南门人畜最多，因为那里的井水最甜。后来，在众百姓的要求下，员外们不得不给每眼井配备了一口饮马石槽，供牲畜饮水用。

后来，广阳城天塌地陷，三百六十个员外全被大水淹死了。那三个苦水井的石槽不知被冲到什么地方去了，只有南门外的水井和石槽没有被冲走。

南门外的幸存百姓越聚越多，形成了村落。这眼井是最后打的一眼，也就是第四眼，所以人们管这里叫"四眼井村"。但居住在这里的人没有几年时间，儿童全得了近视眼病，青壮年人的眼很快全部老花，村中到处是戴近视镜和老花镜的人。一位算卦的老先生来到这里，对大家说，"四眼井村"就是"四眼睛村"。难怪这村里的人大部分戴眼镜，赶快换个村名吧。有人提议，"四眼井村"改成"四口井村"，也有人说"干脆改成'四口庄'吧"！

从此，这里便成了四口庄。时间一长，演变成了今日的四各庄。但昔日南门的甜水井早就不见了，只有那个饮马石槽一直保留至今。生产队时，给牲口饮水；生产队解散后，传到户里，作为养猪用的猪食槽子。

钥匙头村的来历

京开高速公路东侧有个村庄叫作钥匙头。为什么叫这么个名字呢？在这一带流传着这样一个传说。

很早以前，在钥匙头村北二三十里的地方有一座广阳城，这座城因天塌地陷再也找不到了。后来有人说，这座城六十年出现一次，城里到处是贵重的珠宝玉器。如能打开这座城门，财宝便可取出。有一年春季，这里来了个南方人。此人就在离广阳城不远的地方租下了块闲地，并种上了瓜，当地人并不以为然。

且说天上掌管东西南北四大天门的天神，一次聚在一起闲聊，手里拿着开天门的钥匙。就听那位南天门的天神说："咱们这些钥匙只能打开四个天门的锁，有一把锁可打不开。如能打开，那咱们可做了一件大好事，富了一方的百姓。"三位天神忙问这把锁在哪里，南天门的天神说在下界，那个地方叫作广阳城。谁知话音刚落，东天门的天神哈哈大笑，并顺手一指下界："你们看，那放光的东西就是开此门的钥匙。"几位天神往下界一看，祥云直奔下界，只见那个闪光的东西原来是个大瓜，瓜长得细长略有些弯。南天门的天神不容分说，便将此瓜摘了下来。四位天神睁开慧眼，果见不远处隐隐约约有一座古城。四天神便向古城奔去。来到城前，果见一把铃铛大锁牢牢地锁着城门。守南天门的天神是个急性子，还没等另外三位天神说话，早将大瓜插入锁孔。然后用力一转，就听"轰隆"一声巨响，广阳城一股浓烟顷刻不见。南天门的天神只觉得两臂酸麻，那个瓜钥匙像箭一样向南飞去。四位天神正茫然不知所措，远远来了那位南方人，他顿足捶胸地说："完了，完了，一切都完了！你们是什么人？破了我的发财之道。"四位天神和南方人往南走了二三十里路，见地面上有个东西在熠熠闪光。旁边蹲着太上老君，正在向他们频频招手。太上老君笑呵呵地说："我掐指一算，就知道你们用这个瓜去开广阳城的城门。你们可曾知道，这瓜还差十天才熟。它经不住那么大的压力，所以崩飞了。你们要是提前在我的八卦炉里炼一炼，城门就会顺利地打开了。这次城门没有打开，广阳城恐怕在短时间内不会再现了。"四位天神和南方人还要再问，太上老君微微一笑："天机不可泄漏。"说完便和四位天神匆匆回了上界。

由于这瓜只剩了梢头，后人便把这种瓜叫作梢瓜。南方人因取宝心切，便在瓜钥匙落地的地方居住了下来，生儿育女等待时机。以后在这里逐渐形成了村落，便取名钥匙头村。

四各庄的来历

关于狗的传说很多,有的村名与狗也直接有关。庞各庄镇的四各庄,传说就是由"思狗庄"演变而来的。

据老年人讲,很早以前,在庞各庄的东北六七里路,有一座广阳城,城里住着三百六十个员外。这些员外,各个都是万贯家财,珠宝玉器应有尽有,粮食堆满了仓房,大囤满小囤流。他们吃得膘肥体胖,过着奢侈腐化、醉生梦死的生活。这些人挥金如土,糟踏粮食。每家员外爷都有一所庄院,真可谓"天棚鱼缸石榴树,先生肥狗胖丫头"。这三百六十个员外整日肉山酒海,明财暗嫖。这些事被上天知道了,便对广阳城降下了灾难。第一年大旱,第二年大涝,第三年闹蝗虫。这三百六十个员外,因三年颗粒未收,只好变卖家产。"城门失火,殃及池鱼。"那些城里的普通老百姓,可就大难临头了。他们只好离开家门,携儿带女四处乞讨。有的实在没办法只得卖儿鬻女。当时广阳城内外尸横遍野,满目凄凉。那些员外爷仗着腰缠万贯,虽遇到了天灾,仍无收敛之意;反而借三年之灾,变本加厉地对穷人敲诈勒索,使很多穷人倾家荡产,妻离子散。上天见此大怒,一声巨响,广阳城天塌地陷。那些穷人绝大部分都离开了广阳城,保住了性命。极少数的穷人和三百六十个员外都被埋在了地底下。

幸存的穷人们聚集在一起,向上天祈祷,仍不见效。那些随穷人由广阳城逃出来的狗，因曾受过主人宠爱，愿代人向上天求情，为穷人们讨回吃的。因为造孽的不是穷人，而是那些员外们。于是，群狗对天狂吠。那些穷人们由于揭不开锅，便用力敲打锅铲、勺子，为狗助威。玉皇大帝被惊动了，便传令二郎神杨戬带上哮天犬速来见驾。玉皇大帝便问哮天犬，人间的那些狗为什么狂吠？哮天犬道："那些狗都是从广阳城里逃出来的，它们在为穷人讨吃的。因为三年灾害，穷人已是家无隔夜粮了。"玉皇大帝听罢，龙颜不悦。哮天吠又道："那些造罪的员外都已经死了，他们是罪魁祸首，罪有应得。可这些无辜的苍生，由于受了他们的株连，有的已是家破人亡。这些幸存下来的人，如果再没有吃的就会全被饿死。"哮天吠用尽全力为穷人争辩，它见玉皇大帝仍没有开恩的意思，便火往上撞。此刻，它已不顾自己的安危，张开大嘴，一口将灵霄殿上悬挂的那轮明月吞下肚去，顿时天昏地暗。这时，人间的狗叫声更大了，人们敲打铁器的声音更响了。这就是后来人们说的"月蚀"，有地方叫作天狗吃月亮。至今在农村月蚀时，仍有人敲打铁器。玉皇大帝一看哮天吠真的急了，将月亮吞到了肚子里，便说："你把月亮吐出来，我就给他们粮食。"天上、人间经过一段黑暗，月亮又悬在了高空，而且更显得明亮了。玉皇大帝说："既然哮天吠你苦苦哀求，我就答应你给人们吃的。只是粮食再也不能像过去产得那么多了。从今天起，那些小麦、稻谷由每株多穗变为每株单穗吧，这也够人们用的了，以防多了他们还任意糟蹋。"说完，拂袖而去。所以，至今人们说"人吃的粮食是狗讨的"。

那些聚在一起的穷人，在广阳城外定居下来。由于思念狗的恩情，人们便把村名定为"思狗庄"，后来演变成四各庄。

二把刀的由来

传说很早以前,广阳城里住着三百六十个员外爷,他们个个腰缠万贯、骡马成群,光养的牲口每年就得吃很多的干草。因此,在广阳城一带种了不少的谷子,每年都要将谷秸铡碎,作为牲口的吃食,被称作铡干草。

当时,管这个行业叫作"快刀铡草"。这是一种很累的农活,每天也铡不了多少干草。因此,当地有这样的歌谣:"快刀铡草,一头驴吃不了,俩驴不够,仨驴卖肉。"可见,一天铡的草驴不够吃的,何况骡马呢?城里城外的一些穷人,一入冬,农闲下来只得给员外爷铡草。这种行业有规定,凡是由谷草里拣出来的谷穗可以带走。人们每天除了微薄的工钱外,还能得到点粮食。所以,当时做快刀铡草的人少说也得有几十拨。

广阳城里住着一个名叫于雅仲的小伙子,长得身高近丈,力大无穷。他铡起草来刀片刷刷直响,带着风声,总比别人铡得多、铡得快。他的搭档是老韩头。老韩头干活稳重,放进铡刀床里的草总是一样长。因此,铡出的谷草都一样长短,并且节节爆开,深得财主的满意。有一种说法,叫作"寸草铡三刀,无料也上膘"。所以,老韩头和于雅仲的这把刀,每到一处都受到欢迎。时间一长,人们都称赞这把刀是第一把刀。

人们看见于雅仲胳膊粗,肯卖力,见了都竖大拇指。于雅仲就想,老韩头那么轻松,我却只卖力气。老韩头看出了他的心思。一天,老韩头非要和于雅仲换一换位置，他让于雅仲去入刀，自己去按刀。结果，两人铡出的草料有长有短。原因是他不敢将草用力往刀床里放，恐怕让刀铡着手指。有时草还没进去，老韩头的铡刀就下来了，结果逮了不少空刀。老韩头白费了力气，闹了个两臂发酸，眼冒金星。

　　从此以后，于雅仲甘心和老韩头配合，铡出的草又多又快又好。当别人说他们是第一把刀时，他只承认老韩头是第一把刀，而自己是二把刀。

　　时间一长，人们把二把刀的真正含义领会错了，这个词逐渐演变成指各行各业在业务上不精的人，叫作"二把刀"。

吹破天遇浑多鲁

传说庞各庄东北过去有一座广阳城，城北门住着一个人送外号"吹破天"的人。此人有的也说没的也说，整天东说海西说山，说完庙宇说旗杆，净拣不容易办到的说。

这一日，吹破天来到城北门的一个小茶馆。他坐下来，要了一壶好茶，便和茶馆主人聊了起来。时间不长，来了一个小男孩，手中拿着一个吹得鼓鼓的猪尿脬。这小男孩是隗屠户的儿子，因为家里经常宰猪，隗屠户常将猪尿脬吹鼓给儿子拿着玩。茶馆主人让小男孩将猪尿脬拿过来，他要仔细地看一看，因为这个猪尿脬比一般的都大。吹破天见了，装出一副不以为然的样子，说："这有什么，要是我恐怕吹得比这个大得多。不信，你弄来一个牛的尿脬，我能吹成笸箩一样大。"茶馆主人听了只是一笑。吹破天又说："不要说吹牛的尿脬，就是一块牛皮，我也能吹成气泡，把它送上天去。"吹破天只管信口开河，没料到身后走出一个人来。只见此人留着山羊胡子，手提一个鸟笼，走到吹破天面前，对吹破天说："今天大爷我定要看一看你如何将牛皮吹上天！"说完，就去揪吹破天的耳朵。吹破天吓了一跳，忙问："您是……""我是打遍四城的浑多鲁。"这吹破天一听"浑多鲁"三个字，早已吓得腿肚子打颤，忙跪在地上求饶说："不知道大爷您光临，若知您来这里，吓死我也不敢胡说八道。您高抬贵手，饶了我吧！"原来浑多鲁是人们送给他的外号，他是广阳城内三百六十个员外之一的佟员外的儿子。仗着他父亲的势力，他为非作歹，打遍了四城，没人不知道他。难怪吹破天一听这三个字就吓成那个样子。浑多鲁说："今天正好，前面牲口市上有一头牛。"说完不容分说，拉起吹破天就走。茶馆主人也没敢要茶钱，追在他们后面看热闹。这时，后面又跟来了不少人。

原来离茶馆不远就有一个很大的牲口交易市场，一些牲口牙侩们正在互相捏着手指。只见一头刚刚生完小牛的母牛卧在那里，牛犊子正在"拜四方"，很快就要站起身来。母牛生小牛的牛衣（胎盘）刚刚坠落，黏糊糊的一团堆放在路边。

浑多鲁将吹破天拉到那里，指着牛衣说："你不是牛皮都能吹上天吗？我就不信这个邪，今天我倒要亲眼看一看。"吹破天早已吓得魂飞魄散，腿像筛糠一般。浑多鲁问吹破天："今天是以妖言惑众罪送你进大牢呢还是怎么办？"吹破天跪在地上，抱住浑多鲁的大腿说："您千万别送我进大牢，您让我怎么办，我就怎么办。"浑多鲁说："那好，你既然将牛皮吹不上天去，就将牛衣扣在你脑袋上吧。"说完，让吹破天自己将牛衣扣在头上。吹破天本来不愿意，却也万般无奈，只得照办。那牛衣上的污水，流了他一脸，他也不敢去擦。在场的人无不笑得流出了眼泪，心里说，看你还吹不吹。

浑多鲁让吹破天找来一根高大的竹竿，将牛衣挑到城外，挂在一棵刺多的枣树上，并坠上一只穿破的鞋，为的是压一压吹破天胡吹乱嗙的邪气。吹破天惧怕浑多鲁，不敢不做。

此后，庞各庄一带都将生完小牛的牛衣挂在枣树上。这种习俗一直延续至今。

天塌地陷广阳城

楔子

高高九重天，巍巍灵霄殿，玉皇大帝正坐在内宫养神。忽然，传来一阵敲门声。玉皇大帝睁眼一看，是老臣太白金星。只见他手里拿着一摞纸，对玉皇大帝说："陛下，您看，这些都是从人间来的报刊。现在人间的旅游业十分火热，到处开发景点，搜集传说。您看，这些都是关于广阳城的。有的说对了，有的说错了。还有很多鲜为人知的事情，没有写进去，有必要进行一次详细的整理，只愁没人。"玉皇大帝问："现在人间是什么年代？"太白金星道："现在人间已经进入21世纪，搞写作的人也不少，可是那些大手笔都不愿意写这种小题材的民间小事。最近，我从各种报刊上发现一人，住在距离昔日的广阳城也就二十几里路的地方，他对广阳城一定有所耳闻。他不仅在各种报刊发表各种体裁的文学作品，而且在20世纪末出版过《梨乡传说》一书，销量极大。不如将此任交付于他，定能完成。"玉皇大帝道："也好，不知此人姓甚名谁？"太白金星道："此人家住浑河边的梨花村，昔日曾唤南庄村。姓寇名殿荣，笔名夏华楼。这寇老先生年近古稀，身体尚佳。我想将藏在珍宝库内的三件宝贝之一的回顾篇借给他，您看如何？"玉皇大帝道："是不是那三个枕头？"太白金星道："正是，那个富贵篇的枕头，昔日给了邯郸的穷卢生。他在很短的时间内，圆了富贵梦，又娶妻又生子又做官，享尽了人间的荣华富贵。但是好景不长，只是煮熟一顿饭的工夫，被称作'黄粱梦'。还有展望篇的枕头不宜叫凡夫俗子用，那样，他们会对未来失去新鲜感。剩下的那个枕头就是回顾篇了。这个回顾篇中的广阳城部分，将一些有关广阳城的支离破碎情节都收在里面了。只是故事不连贯，前后次序有所颠倒。看后需要进行梳理，才能具有完整性、故事性和趣味性。"玉皇大帝问："这个枕头能对他有帮助吗？"太白金星道："这种枕头实际就和现在人间用的录像机差不多，只不过天上有时人间还没有。这人间有了，天上恐怕快要淘汰了。所以说，这是一台老的录像机。用时只能将内容注入睡觉的枕头内，然后才能在脑海里一幕幕地闪现。"玉皇大帝道："既然如此，你就趁着这茫茫春夜，赶快去吧！"

太白金星辞别玉皇大帝，驾起祥云，来到浑河东岸。掐指一算，停在了梨花村的上空往下一看，在一个绿树环抱的农家院内，寇老先生正在灯下翻阅古今藏书。太白金星取出回顾篇，将广阳城的有关情节向下一抛。只见一道白光进入寇老先生的梨香斋内，立即钻入寝枕。此刻的寇老先生只觉得二目难睁，十分困倦。藏书还没来得及收拢，便和衣而卧，响起了鼾声。

一阵布春鸟的啼鸣将寇老先生吵醒。他揉了揉眼，打开窗子，天已大亮。只见屋外正在下着蒙蒙细雨，雨中一簇簇盛开的梨花显得十分娇媚，真可谓"雪作肌肤玉作容"呵！他看着眼前的情景，口占《梨花春雨》一绝：

雨打繁英不染尘，清癯挺立显精神。
沾花素蕊冰为骨，雪鬓云簪玉作魂。

回到屋中，梦中广阳城的情景仍在脑海中浮现。他欣然命笔，根据事件发生的前后次序，草成十回纲目。

第一回 狐仙女群居银狐岛　猪族长押解天猪牢

词曰：

河岸堤崩水涌，空中电闪雷鸣。天塌地陷广阳城，只为草菅人命。三百六十员外，心毒手狠狰狞。上苍天理怎能容？灾难株连百姓。

这一日，猪氏三百六十个猪族长来到银狐岛。原来天上有一条银河，一年四季不结冰，河水潺潺，清澈透底，传说是当年王母娘娘为了隔断牛郎织女用银簪划出的一条河，故称银河。在河的下游，有一个不大的岛屿，住着一窝银狐。这窝银狐已修行了几千年，个个修成仙体。因今日天气炎热，姐妹们决定去河里洗澡。她们来到河边，个个宽衣解带，正准备跳入水中，却不料被这三百六十个猪族长看在了眼里。猪族长马上隐藏在岛屿后面，目不转睛地窥视，忍不住扑过去强抢银狐女。

且说在这群银狐女中，有一个先下水的银狐，名唤白鹤。她一看事情不妙，早潜入水底，一个猛子扎出几十丈远，然后化作一只鱼鹰飞上了碧空。她要去找天上值班的二十八宿，去营救自己的姐妹，可巧正遇上奎木狼值班。这奎木狼论起辈分来，还是银狐女的表舅。白鹤便把发生在银狐岛的事情简单地说了一遍，央求表舅快去救人。奎木狼从腰里掏出调将旗，迎风一抖，顷刻间来了几簇人马。他们手中拿着兵器，张弓搭箭，听候调令。奎木狼二话没说，让白鹤引路，带上天兵天将，直奔银狐岛。

此刻，三百六十个猪族长正按住银狐女不放。经过一段时间挣扎，银狐女毕竟不是这群猪精的对手，没有了还手之力。就听有人高喊："清平世界，朗朗乾坤，竟敢奸污仙娥！难道是吃了熊心豹子胆不成？"三百六十个猪族长吓得抬头一看，原来是二十八宿中的奎木狼带着天兵天将来了。他们知道事情不妙，连衣服都忘记了穿，便准备逃之夭夭。这时，就见空中撒下一张天网，将三百六十个猪族长罩在了网内。这些猪族长见网里黑咕隆咚，左冲右撞，终难脱身。

众天兵将猪族长带上了灵霄宝殿，玉皇大帝震怒，命速将猪精打入天牢，听候发落。

第二回 越天牢皇宫盗珍宝　奔下界修建广阳城

话说三百六十个猪族长被关在天猪牢里。这天猪牢专门关押犯罪的天猪，实际是一座很大的监狱。这些猪族长自从进了天猪牢，不像在外面那样舒服了。在这些族长中，有一个姓朱和一个姓史的族长，此二人最狡猾奸诈。其他族长都听他们二人的。这二人对众族长说："我们不能长期待在这里，看来一时半会儿还不会审我们，更不知将来如何发落，就是掉不了头，活罪也好受不了。不如你我共同想个好主意，设法越狱。到下界找个好的去处，去享荣华富贵，不知你等意下如何？"众族长说："我们都听朱、史二位大哥的，您们指到哪里，我们打到哪里，就是赴汤蹈火也在所不辞。"朱、史二族长说："那好，待到明天牢头来时，咱们乘他不备，夺过他的牢门钥匙，然后威逼着他说出如何打开珍宝库，我早看准了下界有个极好的去处，那里就是我们的安身之地。只要珍宝到手，一切就迎刃而解了。"

第二天黄昏时分，牢头来送晚饭，朱、史二族长一使眼色，迟族长一下搂住了牢头的腰，紧接着朴族长用毛巾堵住了牢头的嘴。还没等牢头反应过来，手中的钥匙早被杜族长夺了过去。说时迟那时快，又有两个高大的族长早把牢头的胳膊拧到了背后。这时就听朱族长对牢头说："你要放明白点，只要和我们合作，放你一条生路。否则，立即结果了你的性命。"那牢头吓得面如土色，哆嗦着频频点头。朱族长又说："那好，等天大黑以后，带我们打开库门的锁。你如果敢喊一声，立刻置你于死地。"说完，扯掉了牢头嘴上的毛巾。这牢头早吓得三魂出窍，央求族长千万给他留条活命。

掌灯时分，牢头前面带路，后面跟着朱、史、迟、朴、杜等十几个族长，其余的族长留在了天猪牢。拐过几座假山，穿过一片竹林，就见那座珍宝库在夜幕中闪闪发光，熠熠生辉。牢头让看库人拿出那带龙头的大钥匙，立即交给他。看库人刚一犹豫，就被朱族长一刀扎死了。牢头夺过钥匙，左转三圈儿，右转三圈儿，就听"嘎嘣"一声，锁被打开了，他们推开了库门。史族长对牢头说："用不着你了，还得委屈着你点儿。"说完，让四五个族长押着牢头回去开猪牢，并和一个族长耳语了一阵。待回到天猪牢时，几个族长将牢头手脚用绳索捆紧，然后解下他的腰带，将身子前倾捆绑起来，美其名曰"看瓜"。随后，将其扔到天猪牢的一个旮旯里。又叫上众族长，一起去珍宝库取宝。

珍宝库里众族长看得眼花缭乱，不知拿哪件珍宝好。史族长告诉大家："选值钱的东西拿。"大家拿了不少金银珠宝和一些贵重的东西，正怕被人发现，不好运走，忽见眼前摆着不少的黄草。朱族长说："这就是隐身草，不信你们每人拿过一根，只须将草放在胸前，顷刻就会见不到你们的踪影。"大家一试，果然灵验。于是，每人都拿上了不少的隐身草，到处去偷天宫里值钱的宝贝，并找来了几十辆大车，套上天马，装上不少珍宝库的东西，然后带上家眷准备离开上界。朱族长对大家说："我早选好了一个去处，下界有个地方叫作广阳城。咱们到后，都称员外，以商人的身份出现，我们有这么多的金银珠宝，足够我们用的。咱们先贿赂官府，铺平道路，然后重金雇用能工巧匠，重新修建广阳城。把广阳城修建成一个针插不进、水泼不进的独立王国。将来朝廷也奈何我等不得，咱们即可在那里享荣华受富贵。"大家一致表示："我们听朱大哥的。"于是，三百六十个猪族长和大小家眷，在隐身草的掩护下，离开了上界，直奔下界广阳城。

这广阳城不算太大，是一座六里长宽的方城，传说建于汉代。城中住着两千户人家，五行八作，干什么的都有。这三百六十家员外到后，果然只用了两年的时间，广阳城便全面修建完工。

第三回 防偷袭城头悬皓月　御侵犯星宿守四门

话说三百六十家员外，利用两年的时间，重新修建了广阳城。广阳城不同于一般的城，虽没有护城河，却也十分富丽堂皇。但只见：

巍峨耸立，雄伟壮观冲牛斗；气宇轩昂，祥光瑞霭绕画廊。近看秦砖汉瓦，远观金碧辉煌。红颜八扇门，灰色四面墙。门钉星闪烁，墙壁月光芒。八名卫士排左右，四对石狮列两旁。虽说难比金銮殿，气派不让小国王。城楼镌刻籀文字，流光溢彩名广阳。

这三百六十家员外，都住在广阳城里。广阳城又分内城和外城，十分豪华。一日，朱员外将众员外叫到面前，对他们说："现在城已经修建好，咱们这三百六十位员外要分开来居住。我和史员外住在内城城心。此外，堵员外也住在内城，这是按五行安排的。因堵姓有土，正好居中，中央是戊己土。内城西门为庚辛金，由钱、钟二员外居住；内城东门为甲乙土，由桑、梁二员外居住；内城北门为壬癸水，由汪、沙二员外居住；内城南门为丙丁火，由狄、耿二员外居住。另外，迟、何、朴、康、蒙、蒯、卞七员外也住在内城南城心。为了使广阳城牢不可破、坚不可摧，内城东、南、西、北四城分别由童、强、铁、毕四员外把守，取"铜墙铁壁"之意。外城东、南、西、北四城分别由顾、饶、金、汤四员外把守，取"固若金汤"之意。剩下的员外在城内分散居住。广阳城要做到坚如磐石，外城很重要。因此，准备在外城东、南、西、北四门，每门安放两个石狮，以显示广阳城的威严。在外城四门，每门派两名彪形大汉昼夜把守，检查出入行人，同时在城门楼悬挂金梨和玉瓜。这是上天新培育的瓜果，我们要搞一个大的批发市场，开展集市贸易，可以用瓜果做我们的品牌。不知诸位员外还有什么更高的见解？"

这时，有的员外问："如果有人夜晚偷袭怎么办？"大家七嘴八舌，也没想出个好办法。有个姓石的员外，见大家都没什么主意，便说："我有一个想法，如果把月亮悬挂在城头，定能防止偷袭。白天不易偷袭，夜晚如果通宵达旦有月光，偷袭者绝难近前。我们可以借助每月十五的望月，收天上日、月、星三光，使月亮如同冰盘一轮照在城墙，整夜发出刺眼的光芒，使偷袭者难睁双眼，近不得城墙。那样，就会使城永固，我等便高枕无忧。"众员外一听，无不拍手称好。

这时，在员外群中又走出一个人来。大家一看，是施员外，就见施员外对大家说："我们这次被押入天猪牢，主要是二十八宿的奎木狼用调将旗很快招来了天兵天将，撒下了天网，把我们罩住了。否则，他们是捉不到我们的。依我看，不如咱们将他们的调将旗偷来，胁迫天上的二十八宿为我们守门。"

众员外都没有意见，施员外便带上几个壮汉，每人拿着一棵隐身草，待奎木狼值班时，乘其不备，偷走了他的调将旗。这办法果然很灵，二十八宿怕玉皇大帝责怪他们失职，定他们的罪。于是，便服服贴贴地给他们看管广阳城，做了广阳城的门神。朱员外让二十八宿看管外城的四门，七个天神负责一门，并将七个天神的魂魄钉在红漆门上，变成七颗闪亮的门钉。

第四回 员外爷经商施骗术　众百姓受辱苦难言

话说广阳城内过去有一个很大的集市，每逢农历一、三、六、八都是集。一、六是大集，三、八是小集。前些年，广阳城一带风调雨顺，人们安居乐业，过着丰衣足食的小康生活。

三百六十个员外来后，不仅修建了广阳城，扩大了原有集市的面积，将其变成一个大的批发市场。而且这些员外爷摇身一变，都成了大商人。他们控制着整个市场，弄虚作假，强买强卖，百姓苦不堪言。这些员外爷，虽然身为老板，但不懂经商之道。他们雇了不少打手，为他们服务。

一年入夏，康员外杀了一头牛。由于天气炎热，肉有些轻微的腐烂。他赶快让人从背阴处挖出储存的冰块，这是去年冬日由浑河弄来的。为防融化，用花秸包好，埋在背阴处。他命人将这些冰块放在阴凉处，然后将肉放在下面，用冰镇起来。为了使肉增加重量，牛在屠宰时，体内都注入了不少水。这批牛肉出售后，不仅吃起来不香，还吃坏了不少人。当顾客找到他时，他不但不承认自己的牛肉有毛病，还说这些人是无理取闹。他让那些打手们将这些人狠狠地打了一顿，有的人被打得半个月起不来炕。人们告到当地官府时，那些当官的早收了员外们的贿赂，非但不管，还说这些顾客无事生非，还要罚这些人的钱。康员外不仅出售次品，冇次品卖高价，有时还以假乱真，缺斤少两。对此，老百姓只能忍气吞声。

这些经商的员外，最赚钱的是倒卖瓜果。俗话说"快马赶不上鲜货行"，因为当时的广阳城一带不产瓜果，百姓吃水果只能从外地购进。这样一来，富了员外，苦了庶民。蒙员外专门做水果生意，他再三叮嘱他手下的伙计，由外地进瓜时，无论生熟，只要便宜就好，回来后都以高价出售。伙计由外地买进了一批瓜，由于路途远，当时交通运输又不方便，等将瓜运回广阳城时，有的瓜已经娄了。有一个买主，要买蒙员外的瓜，问瓜保不保熟。蒙员外腆着胸脯说："咱的瓜从来保熟，要是生了你甭给钱。"因蒙员外知道冇来的这批瓜有的已经娄了。那个买瓜主说："那好，这车瓜我都买下了。"于是，二人说好价钱。那个买瓜人随手拿了一个西瓜，用拳头一砸，哗啦一下流了一身的瓜汤，原来这是个娄瓜。买瓜人便提出不要了或者少算钱，这下可气坏了蒙员外，他指着那个买瓜人的鼻子说:"价钱是你我都同意的,怎么能减价?你问我能不能保熟,我准应你保熟。"买瓜人说:"可你的瓜都娄了,我怎么去卖?"蒙员外说:"那我不管,也不是我让西瓜娄的。反正今天你不要不行,并且价钱一个子儿也不能少。"那买瓜人说什么也不干,蒙员外又说:"你不干?我还不干呢!你把我的瓜瓤弄流了,今天你先给我趴在地上用舌头舔起来,然后再说这车瓜。如舔不起来,这车瓜不但不给你,你还得照样付钱。不信,就说你扰乱市场,送你进大狱!"

那买瓜人不服气地说:"那牢狱是你们家开的?你说送谁就送谁!"这时,就见蒙员外用手一招,来了七八个打手,并对他们说:"先给我教训教训他!"话音刚落,七八个虎背熊腰的大汉一顿拳打脚踢,把那个买瓜人打了个鼻青脸肿。买瓜人爬起来还要反抗,却被一个老年人拉起来,边走边对蒙员外说:"员外爷,我这个愣头青侄子不懂事,冒犯了您。您高抬贵手,放了他吧!"说完,一阵小跑,顷刻消失在人群里。来到僻静处,那老年人对买瓜人说:"今天你差点闯下大祸,监狱跟他们家开的一样,连县官大老爷都得听他的。你是新到这里来趸货的吧?现在不同过去了,整个广阳城都被这三百六十个员外霸占了。他们一手遮天,串联官府,不要说你一个小商贩,比你再有权势的人也惹不起他们呢,我看你还是忍了这口气赶快走吧。不然,他们是不会饶过你的。"这时,只见那几个打手正向这边追了过来。二人便钻进了一条窄小的胡同,溜出了广阳城。

还有个姓卞的员外,也是做水果生意的,他这个老板专门欺骗买主。他的拿手好戏就是倒卖生瓜。他趸进的西瓜熟的不要,专拣生的买,为的是少花钱。把那些瓜运回广阳城后,只要有人一问,这车瓜就是你的了。并且价钱少了不行,比熟了的好瓜还得多卖钱。买瓜人如果不要,接下来就是一阵毒打。不打得皮开肉绽、哭爹喊娘、跪下求饶不算完。

还有的员外,专门经销梨。同样是弄虚作假、强买强卖。他们把好梨放在筐子上面,把一些个头小有毛病的梨放在筐子下面,买时任何人也不准用手上下翻。如果一翻,这筐梨就以高价卖给你了,到那时你想不要都不行。所以,有人买的梨表面上一看很好,回去一看,得有一多半的小梨、次梨和烂梨。这些买梨人吃了亏，也只好认倒霉，根本不敢和员外理论。因为他们知道，在广阳城找不到讲理的地方。这三百六十个员外是广阳城的真正主人，如果谁惹恼了他们，等待你的不是遭到毒打就是牢狱之灾，严重的倾家荡产、家破人亡。

类似的欺行霸市之事还有很多。自从这些员外一来，尽管广阳城修建了、扩大了、买卖多了，看起来似乎很繁华，实际上比以往冷清多了。再也看不到从前市场繁荣、人们享受丰收后的欢乐情景，取而代之的是人们的满面愁容、遍体鳞伤、挨打受骂、有苦难言。

第五回 办赌局贫民遭涂炭　逛青楼良妇沦为娼

话说三百六十个员外爷以商人面目出现，实际上根本不懂得经商。他们依仗自己的权势，为非作歹，草菅人命。有的员外根本就不露面，只是雇几个伙计，专管业务。另找一帮打手，对百姓明夺暗抢，施展淫威，使百姓叫苦不迭。这些员外还根据他们的癖好，巧立名目，要百姓捐钱。那个好赌博的杜员外，为了满足自己的欲望，竟让百姓摊钱，开了一个大的赌局。参赌的人有的输了房子、输了地、输了自己的整个家业。

这杜员外只要输了钱，便找全城的老百姓要钱。如不给钱，见什么拿什么。若人们不让他拿，轻则挨打，重则被送进监牢。

西城有个姓梅的人家，家境贫穷。妻子郄氏身体不好，常年患病。娘家兄嫂早丧，留下一女，由她抚养。这姑娘是个小家碧玉，取名碧玉，名副其实。人不仅勤快，而且长得漂亮。这一年夏天，碧玉正好十八岁，已是个情窦欲开的少女，正在院子里洗衣服，杜员外带着几个打手闯了进来。与杜员外同来的，还有一个朴员外。

就见杜员外对碧玉说："你们家大人呢？"碧玉的姑夫梅友赶忙从屋子里走了出来，笑着说："二位员外爷，您屋里坐，有什么事跟我说。"杜员外上下打量了梅友一眼，对他说："我今天来没什么大事，上次建赌局时按人口摊的钱，你还没给够呢，今天怎么样？又等了这十几天，总该给了吧！"梅友说："请员外爷再容让我几天，您看我老婆常年有病，连抓药的钱都没有。这几天我再想想办法，凑齐后一定给您。"杜员外说："不行，如果今天拿不出钱来，我们把你家里什么东西值钱拿走什么。"梅友说："我们这样的人家，哪有什么值钱的东西呀，还望员外高抬贵手。"这时，就见朴员外一阵冷笑："你家没有值钱的东西？我看这宝贝就值钱。今天我什么也不要，就要她了。"说完，拉住了碧玉姑娘。碧玉姑娘拼命地挣扎，怎奈无济于事。一群打手前簇后拥，将碧玉连拉带扯弄进了朴员外在外城临时建的一所宅院。朴员外想让碧玉当他的姨太太，碧玉誓死不从。于是，朴员外把碧玉卖到了妓院。

第六回 开夜宴员外酩酊醉 撒酒疯狂徒吃狗肝

上回书说到碧玉姑娘被朴员外卖到了醉春院。这碧玉自到醉春院后，总想找机会寻短见。老鸨怕她真的去死，那样钱就白花了，闹了个人财两空，就派人昼夜看着碧玉，就是上厕所也不允许她一个人去。碧玉死活不接客，总想去死，只是没有机会。朴员外说："你要是相信我，我先把人带走，将她关进我的水牢。保证她想死死不了，想活也舒服不了。时间一长，她就会服服帖帖地接客。"老鸨嫣然一笑："员外爷的话我还不信？绝对不会坑我。凭着咱俩的关系，我哪能不让你带走人呢？"于是朴员外派几名打手，将碧玉带到了城南一处僻静的宅院。打开了牢门，里面阴森森的。碧玉被推了进去，然后"嘎嘣"一声上了锁。

广阳城的三百六十个员外，不仅私生活糜烂不堪，而且每天互相请客，每户一年轮着一次。除请客大吃大喝以外，还要唱大戏，任意挥霍。这一天，正赶上轮到迟员外。在迟员外家，互相推杯换盏，称兄道弟，夜宴喝到了夜里丑时。迟员外有个小妾名叫桂花，长得有几分姿色。这时的何员外早已是酩酊大醉。他借桂花给他倒酒的机会，有意捏了一下桂花的手指。这一切正好被迟员外看见，迟员外有些不悦，因这桂花是迟员外最宠爱的小妾。何员外见迟员外不高兴，借着酒气推倒了桌椅，砸碎了碗碟，抱住了桂花，吓得桂花连哭带喊。众员外见状连说带劝，何员外才放开了桂花，桂花哭着跑了出去。何员外没有得到桂花，憋了一肚子火没处撒。忽闻阵阵歌谣声："河没头，海没边，牛没上牙狗没肝……"便把怒气撒在了狗身上。谁说狗没肝？今天我非要吃这狗肝！他命令将全城的狗都集中在一起，统一宰杀，来个狗肝宴。这一下可不得了，广阳城内千百只狗全遭到了屠杀。侥幸逃出广阳城的几只狗，拼命地呼唤上天的哮天犬，要它赶快想方设法保住狗族。何员外醉眼朦胧，洋洋得意。

这正是：

  一双醉眼，两脚蹒跚。说话颠三倒四，张口酒气冲天。碟碗全摔烂，桌椅被推翻。残羹流满地，碎瓷堆成山。盛气凌人谁曾见，丑态百出非一般。一首歌谣频入耳，狂言定要吃狗肝！

  且说碧玉姑娘被关进水牢，有专人看管。那朴员外正和老鸨商量对策，有几天没来了。只是那个蒯员外来过几次，一副关心的样子，几次试探让碧玉和他一起逃走。原来这蒯员外也没怀好意，他早就被碧玉的姿色迷住了。心想，我虽有三妻四妾，可哪一个都比不了这碧玉姑娘，简直就是仙女下凡。若能得到她，也是我一生的造化。于是，他便在碧玉面前装作关心的样子，企图拐她出去。碧玉虽不知内情，但最怕出了狼窝再进虎口。尽管蒯员外在她面前说了不少关心她的话，碧玉也不跟他一起逃走。

  这一日，碧玉在水牢恍恍惚惚正要入睡，猛一抬头见一位白发苍苍的老婆婆站在她的面前。碧玉姑娘不知，这老婆婆是观世音变化的。

  原来三百六十个猪族长越狱后，来到了下界广阳城。那个牢头被他们"看瓜"以后，憋得差点死了过去，多亏巡夜的天神发现得早。于是，巡夜的天神把牢头带到玉皇大帝面前，向玉皇大帝详细地诉说了事情的经过。玉皇大帝又派人检查了珍宝库里丢失的东西，并派观世音到下界了解情况。

  这观世音奉旨来到广阳城，见老百姓愁眉苦脸，贫困潦倒。先前那种安居乐业、丰衣足食的生活状态再也见不到了，呈现在面前的是人们衣衫褴褛、东倒西歪，百姓吃糠咽菜，到处怨声载道。而那些员外爷却花天酒地，过着醉生梦死的奢侈腐化生活。他们宁肯用馒头喂狗、用白面烙饼给孩子擦屁股也不肯救济穷人。观世音在西城见到了碧玉的姑母和她的姑夫梅友，听他们讲了碧玉的遭遇。原来这两口子，自碧玉被掳走后，双双病倒了。家里又没有钱医治，养了很长时间，总算熬了过来。这时夫妻俩见来了一位白发苍苍的老婆婆，便把他们的遭遇说给老婆婆听，并把自己仅有的一些吃的给了老婆婆。老婆婆很感动，并让他们放心，她一定想方设法打听到碧玉的下落，救碧玉出来。夫妻俩千恩万谢。老婆婆见这夫妻俩十分忠厚，便道出了自己的身世。并告诉他们，广阳城不久就会有大灾难，同时传授给他们避难的方法。

观世音掐指一算，知道了碧玉姑娘正困在水牢里。于是用了隐身法避开了看牢的人，从门隙钻了进来。她对碧玉说："姑娘不要怕，我是来救你的。"说完，现出了本相。碧玉姑娘一看，眼前站着的正是自己常年供奉的观世音菩萨，匆忙倒身下拜。观世音将碧玉扶起，对她说："今天我给你一件宝衣，你千万别脱，只管穿在身上。无论什么男人，只要一接近你，这宝衣就会光芒四射，保住你的贞节之躯。你再坚持几日，这广阳城不久就要天塌地陷。到时定有人来救你。"说完，转眼不见。碧玉姑娘心里有了底，忙将宝衣穿在身上。

再说朴员外和老鸨商量了许久，决定用威逼的手段让碧玉姑娘接客。于是，命人将碧玉又押回了醉春院。朴员外心想："我先吓唬吓唬她，这姑娘如果一胆小，要是从了我那可是件美事。"于是他对碧玉说："今天你是从也得从，不从也得从，不要敬酒不吃吃罚酒！"碧玉姑娘心想：这回我有宝衣在身，不怕你用强，便冲朴员外一笑："那你就往前来吧！"朴员外以为碧玉害怕从了他，恨不得一口将这块肥肉吞到肚里。他猛地向前一扑，只见碧玉身上射出万道金光。朴员外便觉得头晕目眩，昏倒在地。时间不大，金光收敛。碧玉说："我告诉你们，姑娘不是凡人，我是天上的宫娥，谁敢侵犯我，让他死无葬身之地！"这几句话都是观世音教的。朴员外由地上爬起来，惊呆在那里，只好作罢，碧玉又被带回水牢看管。

第七回 哮天犬宝殿告御状　众天兵围困广阳城

话说何员外喝醉了酒，撒开了酒疯，将广阳城内的千百只狗统统杀死，取出了心肝，大办狗肝宴。逃出广阳城的几只狗向天狂吠，告诉哮天犬大祸临头。哮天犬忙去找自己的主人二郎真君，哭哭啼啼央求主人给出个主意，以报杀同族之仇。二郎神道："广阳城的三百六十个员外在下界为非作歹，玉皇大帝已经知道了。你赶快去告御状，玉皇大帝会马上定夺。"这哮天犬辞别了二郎神，登上了灵霄宝殿。

你看它：

> 扑簌簌，泪流满面；毛炸炸，浑身乱颤。
> 火腾腾，胸中乱窜；怒冲冲，走上宝殿。

这一日，正赶上玉皇大帝早朝，哮天犬跪倒在地，嚎啕大哭，声泪俱下地叙说此事。玉皇大帝听罢，龙颜大怒，对文武百官说："猪族长逃往下界广阳城，我已知晓，并派观世音前去打探。这帮猪精可恼可恨！他们草菅人命，逼良作猖，吃喝嫖赌，十恶不赦，真是罄竹难书，我定派兵前去剿讨。"玉皇大帝看了看跪在面前的哮天犬，对它说："起来吧，我一定为犬族报仇。你赶快回去，带上所有的天犬下界，看着这些猪精，别让他们逃遁，十万天兵随后即到。"哮天犬谢了恩，带上所有的天犬，并叫上老表亲狼族与自己配合，黑压压一片直奔广阳城。

灵霄殿上的玉皇大帝命托塔李天王为中军统帅，哪吒太子做先锋，四大天王协同作战。点二十八宿、九曜星宿、十二元辰、五方揭谛、四值功曹、东西星斗、南北二神、五兵四渎、普天星相，布下一十八架天罗地网，到下界攻克广阳城，捉拿猪精归案。

托塔天王拿起了调令牌，一一点名。顷刻，各路天神都已到齐，唯有二十八宿未到。李天王道："各路天兵，我们这一去大家要齐心协力，剿灭猪精。"说完，也顾不得二十八宿未到的原因，忙率领众神，驾起祥云，直奔广阳城。

只见那：

> 天兵下凡尘，紫雾绕祥云。四大天王权总握，五方揭谛调兵群。中军掌号托宝塔，先锋足登风火轮。五瘟五岳东西摆，六丁六甲左右邻。四渎龙神分上下，二十八宿何处寻？广阳城外抬望眼，上苍降落一群神！

众天兵按落云头，散布在广阳城四周。十万天兵分作十层，各执兵器，将广阳城围了个水泄不通。

但只见：

一层天兵刀光明，二层天兵剑刃锋。三层天兵矛似蟒，四层天兵开雕弓。五层天兵执金锏，六层天兵舞流星。七层天兵抡巨斧，八层天兵棍带风。九层天兵擎蓥戟，十层天兵枪法精。

这时，有天兵来报："二十八宿至今未到，但已有了下落。原来是被这群猪精摄取了魂魄，收去了神光，钉在了广阳城的城门上，化作二十八颗金钉，终日大放光彩。如不退去神气，天兵很难靠近。另外，那城头上的皓月，是借助天上的三光，夜晚亮如白昼，难以睁眼，根本没法攻城。"托塔天王听了天兵的陈述，心想：攻城的确不容易，先让天兵牢牢围困，待奏知玉皇大帝后，再做分晓。

第八回 天崩塌广阳城毁灭 地凹陷浑河水决堤

话说广阳城被众天兵围困了七天七夜，那三百六十个员外，根本没有什么大的武功，在珍宝库里也没偷到什么主要的宝贝，只是弄走了不少隐身草。听说天兵天将降临，还有哪一个敢露面？他们知道大难临头，还要垂死挣扎。老百姓个个惶恐不安，四城被围，只得在城内避难。

托塔天王将广阳城的情况向玉皇大帝做了汇报，玉皇大帝让托塔天王想方设法尽快破城，速将三百六十个猪精擒拿归案。托塔天王回到下界，来到中军帐内，将所有头领叫到自己跟前，让大家献计献策，力争尽快破城。有的主张先将城关的皓月除掉，这样就会使广阳城一片漆黑，便于攻城。大家想来想去，要想除掉这轮皓月，距离又远，只能用箭射。但一般的箭是射不掉的，最后决定用珍宝库里的后羿射日的弓箭。但是要有一定的神力才能拉开那张弓，箭才会射出去。这时三太子道："父王，我想如果请来灌江口的二郎真君杨戬，准能完成此任。他力大无穷，曾经担山赶日，武艺超群，又善变化，射掉广阳城头的皓月，非他莫属。"天王大悦，忙派神将去请。约不到一顿饭工夫，二郎神进入中军帐内，托塔天王说明此意，二郎神欣然应允。看天将晚，正是攻城的极好时机。托塔天王命令所有的天兵天将，各就各位，准备攻城。自己则亲自陪着二郎神去射皓月。这时，早有神将由珍宝库将后羿当年射日用过的那把弓和箭放在了杨戬的面前。二郎神拿起了宝弓，活动了一下臂膀，搭上一支雕翎箭，然后瞄准那轮皓月，用手猛地一拉弓弦，真可谓弓开如满月，箭出似流星，那箭不偏不倚，直奔皓月射去。谁知这箭刚一接近皓月，突然没了力量，化作一支蜡箭，掉在了地上。二郎神连发三支箭，都是如此。原来这轮皓月比真正每月十五的月亮还要亮、还要热，因它是将日月星三光聚在一起的。所以尽管那支雕翎箭去得很猛，但一接近皓月，就立刻化作了蜡箭，软绵绵的再也没有了力量。托塔天王见射不掉这轮皓月，只得暂时收兵，回到中军帐再做计议。

这时，又有天将提议，如能将广阳城的四门打开，不愁捉不到猪精。可这四门都有二十八宿把守，每个门上的七颗金钉都是二十八宿的真魂。尽管这些金钉放出的光芒不及皓月，但也刺得天神们睁不开眼。有的天神主张到珍宝库去找一找，看一看有没有什么镜子可以戴在眼上，遮挡强光。不久，果然找来数面镜子。这镜子与一般镜子不同，不是平面的，而是弧形的。下有一柄，用时一手持柄，将弧形镜子扣在脸上。这样能避免强烈的光线刺眼。几百个天兵天将，戴上镜子，拿着锛凿斧锯和锤子去凿四门的门钉。谁知这门钉并不易凿，一锤下去，金星四溅，门钉丝毫不见损伤。

众神一筹莫展之际，如来佛祖从天而降，托塔天王将广阳城久攻不下不知如何是好之事向如来佛祖求助，如来佛祖微微一笑，对众神说："我看了天相，今年是破城的最好时机。今年是甲戌年，狗当家。为设狗肝宴伤了这么多狗，狗与猪结下了仇怨。这狗年只要用水与火就能使广阳城毁灭。你们看这个灭字，左边是个水，右边是个戌，中间是个火（指繁体"滅"字）。"大家听了，不住地点头。接着，佛祖用手一指，就见上空飘飘然落下一块五彩石。佛祖问众神："你们知道这是什么吗？"众神看了，纷纷摇头，不解其意。如来佛祖说："这是当年女娲补天时炼就的五彩石，这次要破广阳城，就得天塌地陷。

但没有上次天塌地陷得那么严重，只是掉下一块彩石，只能用这块彩石去补。三百六十个猪精死有余辜，只可惜这城中的百姓要受到株连，观世音菩萨早就到广阳城内了解情况，尽量帮助人们脱离苦难。"说完，让众神将退下，账内只留托塔天王父子。如来佛祖把破城的详细安排说与天王父子，定在戌时攻城，要他们速去准备。

当晚八时许，夜幕降临，正是戌时的最佳时间，众天兵天将各就各位。

南斗星君在广阳城南门上令火部众神放火煨烧，令雷部众神以雷屑钉射破城。顷刻间电闪雷鸣，大雨倾盆如注。在广阳城北门，水部众神早将滔滔黑水放了进来。刹那间只听天空一声炸雷响，苍天裂开了一道缝，紧接着一块巨大的五彩石掉了下来。眼看天就要塌，只见如来佛祖用手指轻轻一指，那块提前准备的五彩石便飞上了天，正好堵住那个漏洞。眨眼工夫，天便愈合了。

这时，就听天狗院、四狗庄、狼狗庄一片犬吠。哮天犬忍无可忍，张开大口，不顾光热，一口将那轮皓月吞进了肚里，这就是后来人们说的"天狗吃月亮"。因此，每隔几年，天狗就要吞一次月亮。吐出后，月亮比先前更加光亮。

这一下广阳城头一片漆黑，就听"轰隆"一声巨响，一股浓烟冲天而起，待烟雾散尽，广阳城踪迹皆无。几丈深的黑水，咆哮着由北向南冲了过来。这时，西边的浑河也决了口。河水卷着滚滚黄沙，像一条巨龙直扑广阳城。

第九回 积善人遇神指生路　幸存者逢仙尝金梨

书接上回。广阳城天塌地陷，毁灭生灵不计其数。真是水火无情啊！广阳城的南门，烈火熊熊，照亮了南天。人就是不死，也冲不出去。广阳城的北门，黑水漫漫，巨浪滔滔，人水性再好，也无能为力。广阳城的东门，因房屋被冲倒以后，一些柁檩、门窗以及大大小小的木料都被堆积在那里，将城门堵了个严严实实。要想活命，只有出广阳城西门。这场大灾难，由西门出来的人不多。凡是由西门出来没有死的人，一是有神指路，二是遇仙幸存。西城梅友夫妇和他们的侄女碧玉姑娘都幸运地躲过了这场灾难。

原来观世音菩萨将宝衣给了碧玉姑娘以后，又回到了梅友夫妇那里，对他们说："广阳城很快就要毁灭，一场大难即将临头。这几日你们千万注意，广阳城四门无论哪个门的一只石狮子如果眼睛一红，灾难很快就要来到。这里有昔日马良用过的一支神笔，我将它付于你。到那时必然黑水漫漫，波浪滔滔。你只要画只船，就可以坐上去，一定能救你们脱险。你们要千万保重，这场大难以后，你们就会有好日子过了。我这就去看一看碧玉姑娘，不知她现在怎么样了。"说完，驾起祥云，腾空而去。

观世音菩萨又来到水牢，问起了这几天的情况，碧玉姑娘告诉她，老鸨和朴员外想对她施加暴力都没有得逞。观世音菩萨告诉她，广阳城离毁灭的日子不远了，并从怀里掏出一张纸卷，展开后上面画的是一只小舟。观世音菩萨对碧玉说："你听到震耳的雷声后，立即站到小舟上去，闭上双眼什么也不要管，牢门自会打开。一切灾难都与你无关，你会平平安安地度过这场大难。到那时，宝衣我自会收回。"说完，飘然而去。

梅友自从观世音菩萨走后，每天都要看城门的石狮子眼是否红了。他为了掩人耳目，不引起人们的注意，仍然操起了旧业。他会一种拿手的绝活，就是做豆腐。他做的豆腐又白又嫩，西城没有不知道的。因近几年来，妻子郄氏身体不好，常年有病，就碧玉一个人给他打下手，实在是太累，有很长一段时间没有开张了。这次开张，卖豆腐赚钱多少无所谓，主要是看看石狮子的眼睛红没红，他好提前做好准备。

这一日，梅友卖豆腐回来正经过这里。他一看石狮子眼睛红了，急忙跑回了家。用神笔画了一只大船，夫妇俩迅速地坐了上去。因此他二人脱离了危险，避免了这场灾难。

此刻，广阳城已是一片茫茫大水，翻滚着浪花。原来，那块从天而降的五彩石不偏不倚正好落在了城门楼上的金梨上面，金梨被碰掉，砸在玉瓜上，立即粉碎。金梨粉碎后，梨籽在水面上漂浮，作为侥幸活着的人的吃食；玉瓜粉碎后，瓜块化作一只只小船，为侥幸活着的人们作为落脚之地。

在茫茫的水面上，一只大船驶来与一叶小舟相逢，他们正是梅友夫妇和碧玉姑娘。见面后，真是悲喜交加。一些善良的平民百姓，在这场大难中，凡是遇上了神仙指点的，都能冲出西门，遇上西瓜船，保住性命。因为西方为金，只有出西门才有出路。不过在这场大难中幸存者寥寥无几。三百六十个员外和他们的帮凶以及仗着员外的势力为非作歹的人，无一幸存，上天统统有名单造册，阴魂永世不得翻身。

过了七七四十九天，广阳城大水退去，呈现在面前的只是一片废墟。这一个多月的时间，幸存者靠水面上漂浮的梨籽度日。这些梨籽吃进嘴里，既管饱又止渴。

太阳升起来了，鲜亮鲜亮的。被大水冲过的地面上，是一层几尺深的白沙，沙中有些细小的碎金块在日光下闪烁。浑河也恢复了往日的平静，向南静静地流去。经过九曲十八弯，流进天津卫，流入渤海口。

幸存的人们都集中在浑河岸边晒太阳。这一个多月的时间，吃不好睡不好，都觉得十分疲倦。这时，只见天上降下一朵祥云。人们一看，是观世音菩萨临凡。人们见是大慈大悲的观世音，纷纷倒身下拜。梅友夫妇和碧玉姑娘更是喜出望外。要不是观世音保佑，他们早已离开了人世。观世音指着眼前一望无垠的白沙地对大家说："你们看，这白沙地就是专长瓜果的蒙金土。它是由浑河水冲积而成，上面是白沙，下面是黏土。种出的西瓜又沙又脆，结出的果又香又甜。"说着，用手一指那些停在旱地上的西瓜船，顷刻间变成了一个个硕大的西瓜。黑色皮，长圆形，上面有凸起的一道道筋纹。只见观世音菩萨喊了一声"开"，西瓜顿时分成四大瓣，又化作八中瓣，最后变成十六小瓣。观世音菩萨让每人尝了瓜，人们无不竖指称赞。观世音菩萨又从衣袂中取出一个黄梨，临风一晃，立刻变成几十个一般大小、一模一样的梨子，对大家说："你们每个人再尝一个梨子，看看怎么样。"大家每个人又吃了一个梨，无不拍手说好。这时，观世音对大家说："你们今后在这块土地上，靠种植瓜和梨，就能有好日子过。今天吃剩下的瓜籽，每年繁殖就可以了。不过梨可不行，你们今天吃的梨的梨籽，结出的果就和这些天你们吃的梨一样。如种在土地上，长出的也不是梨树，而是杜树。必须进行嫁接后，才能结出梨。今天，我给你们带来了接穗。嫁接时，只须将皮对好，成活率是很高的。只有这样，才能结出香甜可口的梨。否则，会是杜树上结出的那种又小又涩的杜梨。"

大家听了，不住地点头，为每年都能吃上瓜和梨而高兴，再也不用吃由外地趸来的水果了。

观世音菩萨说完,飘然而去,高空中落下一张白纸,上有两首诗:

瓜
个大长圆皮色深,浑河两岸适扎根。
黄瓤红籽沙甜脆,天下闻名黑绷筋。

梨
飒飒秋风透体凉,年年九月采接忙。
此梨长在浑河岸,肉厚皮薄金把黄。

从此后,浑河岸边便有了瓜和梨,并一代一代传了下来。

第十回 几代人传说憋宝事　六十年重现广阳城

广阳城从此不见了。在广阳城的四周,西面的天狗院后来成了村落,改成天宫院。南面的四狗庄也成了村落,改成了四各庄。北面的狼狗庄,慢慢也有了人居住,逐渐形成了村落,改叫狼各庄。至今,这三个村庄仍在。

广阳城毁灭了,但不少的金银珠宝都埋在了地下。后来,有很多人都想得到这些宝贝。因此,在这一带有一种说法,叫作广阳城六十年一重现。所以,引来不少的南方人在此地憋宝。在广阳城一带,关于南方人憋宝的传说很多,什么十八套憋金猪娃,马家坟憋金马驹等等,这里不再赘述。关于广阳城六十年重现的传说也很多。有人说一个赶路的老汉,因起冒了五更,误入广阳城,见到广阳城里面的人买卖东西都是用手比划,而不说话,是一座哑城。也有人说,进广阳城的人从里面拿出了金豆子等值钱的东西,只是很少,因雄鸡叫了,赶快跑了出来。也有的人因贪得无厌被关在广阳城里,再也出不来了。还有一种说法,那就是南方人憋宝,根本就没打开过广阳城门。因为广阳城门的钥匙是一个弯形的梢瓜,这瓜还没有成熟,就被摘了下来。所以城门还没有完全打开,由于钥匙太软被崩飞了,欲开的城门又关上了。总之,关于广阳城有种种说法,传说不一。广阳城是甲戌年毁灭的。人们说六十年重现一次,可能是根据这座城修建时是按天干地支和五行八卦建造的。所以说，六十年才有一次甲戌年，才能重现一次广阳城。人们经过了一代又一代，哪一代活着的人都没有听说过谁进过广阳城、看到过六十年重现。只是听活着的人说，他们已故的祖辈人见到过重现的广阳城，并把那些人说了又说的有关广阳城的故事，一代一代地传了下来。

这才是：

广阳城内遍搜刮，百姓遭灾受重压。造孽猪精三百六，要挟星宿二十八。

彩石陨落天崩裂，黑水翻腾地陷塌。善恶从来皆有报，多行不义必诛杀！

尾声

写到这里，或许读者要问："广阳城的故事是不是已经完了？"我说："还没有完。"在广阳城这一带，流行在人们口头上的传说很多。有的是真的，有据可查；有的是假的，无证可考。无论是真是假，是虚是实，总之，在人们当中一代一代地流传着。这是一个动人心弦的传说，人们之所以喜欢它，那是因为故事的内容是惩恶扬善。在日常生活中，人们懂得了哪些是美的、哪些是丑的、哪些是善的、哪些是恶的。人们渴望着人与人之间和睦相处，构建和谐社会，过上安乐、美满、幸福的生活。

在晴空万里的夏夜，人们坐在场院上乘凉，望着高空中的一轮明月和满天闪烁的星斗。一家人围坐在一起，大人们给孩子讲广阳城的传说，不也和牛郎织女的故事一样感人吗？

在大雪茫茫的冬夜，人们坐在热炕头上，边喝着热茶，边山南海北地聊着天，这广阳城的传说不也是人们茶余饭后的谈笑话题吗？

广阳城的故事内容很多，说法不一，就让这广阳城的故事一代一代地传下去吧。

广阳城的传说（二）

张连和 著

广阳城的由来

沧海桑田，千变万化；华夏古迹，数不胜数。

历史上的金代燕京大兴县有一座宏伟壮观、金银满地、大名鼎鼎的广阳城。它兴于汉、盛于唐、毁于金末，留下了许许多多的美丽传说。那么，它是怎么来的呢？

据传说，王莽当上皇帝之后，追封了曾为他篡位立下汗马功劳的三百六十位将军，但又怕他们其中的人跟他争权，构成一定威胁，唯恐皇位不稳。于是，他经过一番冥思苦想，又与奸相密谋了数日，终于想出了一个既能遏制他人造反，又不让功臣起疑心的两全其美的办法，即决定在北方蓟州府黄村南侧大平原上建设一座城池及将军们的官邸，规定不用砖、不用石、不用土、不用灰，只用生铁和汉白玉建造。

说建就建，圈地驱民，破土动工，非只一日，大功告成。建成之后的城池为内城外郭，内城是铁围墙，辟有东、南、西、北四座城门，一律用紫铜建造，并以"东门苍龙、南门朱雀、西门白虎、北门玄武"命名。城门左右两扇大门，门钉数排，昼开夜闭，十分坚固；每个城门前都有一对黄金狮子，分立两侧，脚踩幼狮，口含珍珠，似动非动，光芒闪烁。城中亭台楼阁、绿树花园比比皆是；建国寺、普救寺、三义庙等寺庙安建适当；将军们的官邸深宅大院，鳞次栉比，青堂瓦舍，威武气派，前通街后通道；街道纵横，宽阔平坦，四通八达,绿树成荫,群花绽放,姹紫嫣红,鸟语花香。城中建有两个大戏楼,分列南北,遥遥相望。大街两侧买卖云集,五行八作,应有尽有。

一切就绪后,王莽又加封三百六十位将军为"员外爷",并按照功劳大小给他们分配住宅、确定俸禄、拨奴赠婢,让他们择吉日乔迁。

有一天,国师刘歆问王莽:"陛下,把他们的城池建设好了,您该赐名字了吧?"

王莽听后点点头说:"对对对!朕得赐个名字,叫什么好呢?"他思考后说:"这座城池座落在蓟县的大平原上,有河无山,四季分明,阳光充足,他们有享不尽的荣华富贵,就叫作'广阳城'如何?"

却说这三百六十位"员外爷"住进广阳城之后,个个过着醉生梦死的生活,家家呼奴唤婢,户户歌伎如云,比赛着奢侈,比赛着挥霍,比赛着享受。不仅如此,他们还经常胡作非为,抢男霸女。除此之外,他们还轮流坐庄,请戏班献戏台上。一年三百六十五天,除特殊情况外天天唱"对台戏",吸引着十里八乡的达官贵人和一些老百姓前来观看,人山人海,热闹非凡,同时也给做小买卖的人们提供了赚钱的机会。

庞各庄西瓜的由来

如今,庞各庄的西瓜沙、脆、甜,闻名遐迩,堪称一宝。自 1988 年举办首届"西瓜节"以来,庞各庄每年都搞"擂台赛",决出当年"瓜王",吸引了全国各地的种瓜能手前来参赛,争当一年一度的瓜王。后来又在庞各庄镇政府院内建起中国西瓜博物馆,宣传西瓜的历史,叙述西瓜的演变,再现优质瓜种,展出擂台情怀,历史与现实结合,图文并茂,前来参观学习、合作、访问者络绎不绝。

那么,庞各庄的西瓜是怎么来的呢?传说秦始皇二十三年(公元前 227 年)燕国被灭掉之后,在蓟县城南(今庞各庄镇政府东北方向)建了广阳城,发展农桑,但规模不大。到汉哀帝刘欣建平元年(公元前 6 年)已具规模,经济比较繁荣,人们安居乐业。不幸的是,野心家王莽于公元 6 年强行摄政,到始建国元年(公元 9 年)篡位称帝。他为了维持自己的统治地位,下旨扩建广阳城,栽花种树,修路盖房,亭台楼阁比比皆是。王莽还将为他夺权称帝立过汗马功劳的三百六十位将士授予"员外爷"称号,将他们乔迁广阳城作威作福。这些人各个深宅大院,金银满库,骡马成群,呼奴唤婢,花天酒地,挥霍无度,醉生梦死,如狼似虎,欺压百姓,臭名远扬。

这些员外爷的倒行逆施惹恼了天庭,玉皇大帝和王母娘娘立刻与文武大臣们商量惩治办法,准备派天神下界探察,择罪恶深重者就地正法,不留后患。

就在天神还没有下界探查的时候，时值三九隆冬，大雪纷飞。司徒玉全员外爷的一个宠妾得了热病，浑身上下犹如火炭，嗓子眼冒烟，热得汗流浃背，一个时辰就得更换一次被褥，先后请来一百多位郎中调理都治不好，急得他团团乱转，生怕宠妾死去。后来，大管家出了一个主意，让奴婢们轮番扇扇子，可是扇出来的风都是热风，根本没有凉风，越扇越热。大管家又出了一个主意，他说昨天晚上做了一个梦，梦见阎王爷正在用油锅炸小夫人，嗞嗞乱响，非常难受。他说："得赶快请巫婆来驱热鬼，否则就活不了。"司徒玉全员外爷立刻同意，并派他亲自去广阳城东门外请来那个有名的巫婆。

巫婆又说："刚才我到佛祖那儿去了，他老人家告诉我说，要想驱走热鬼、治好夫人的热病，必须吃一个说圆不圆、说长不长的爬蔓瓜。"

司徒玉全员外爷问："到哪儿去找爬蔓瓜？"

巫婆说："佛祖也告诉我了，紧靠无定河（今称永定河）东岸的庞各庄村有一户姓黑的人家，老两口子有一个闺女，二八年龄，长得如花似玉，活像一朵牡丹花，名叫黑翠金，她能找到爬蔓瓜。"

司徒玉全员外爷听后喜出望外，知道广阳城离庞各庄村不远，急命大管家率领打手去抓黑翠金，让她交出爬蔓瓜，他在家里款待巫婆。

那么，巫婆为什么那样说呢？因为她跟黑家有仇，胡编出此事，想借刀杀人。

却说刘玄更始二年（公元 24 年）夏天，黑翠金的父母双双病倒，也是浑身滚烫，高烧不退。因为家里穷，无钱请郎中，她就用粗布巾浸凉水给父母降温，认为头痛脑热的几天就好，可是三天过去了都没有见好。第四天头上，街坊大婶告诉她说："翠金，你赶快上尤定河大堤上拔鱼腥草去吧，我听一个郎中说这个能散热消肿。"她听后立刻去找。可是，她找遍了大堤上下，一棵也没有找到，原来鱼腥草早就被采药人给拔光了，没有一两个月的时间长不出来。她就坐在大堤上哭。正哭着，一位老婆婆背着半筐头子鱼腥草走来，一问，才知道她为什么哭。老婆婆提出到家看看病人，看能不能用鱼腥草治好。黑翠金很高兴，立刻带她回家。老婆婆看后说能治，可又说："我这点儿鱼腥草是花二十五两银子买来的，你要也行，就给我二十两吧。"黑翠金一听，犹如当头一棒，又似怀里抱着冰，立刻蒙了，心想，甭说二十两，我一两也没有哇！于是她跪在地上恳求，让老婆婆可怜可怜她妈妈，等鱼腥草长出来以后，拔一大筐给她。可是，老婆婆说什么也不答应，背起筐头子就走。黑翠金急了，快步追到大街上，推倒老婆婆，夺过鱼腥草，跑进院里，关上木门，为父母退热。老婆婆见死不救还敲诈勒索，自知理亏，爬起来看看黑家，怀着要报仇的决心走了——她就是司徒玉全员外爷命大管家请来的巫婆。如今报仇的机会来了，便装神弄鬼地说出了黑翠金。

这一天，黑翠金正与父母吃晌午饭的时候，大管家带着打手闯进门来，逼要爬蔓瓜。黑家人一听，根本不知道什么叫爬蔓瓜。大管家一指黑翠金说："她知道，赶快交出来！"

黑翠金问："爬蔓瓜什么样？你让我看看样子。"

大管家怒道："我要有样子还找你？我看你们全家胆大包天，竟敢对抗司徒老爷！"向打手们一招手，"绑了，把他们全带走！"

打手们不管三七二十一，立刻踢翻饭桌，掏出绳子，把三人五花大绑地带回司徒府，打入监牢。

司徒玉全员外爷亲自到牢中逼要爬蔓瓜，一看黑翠金亭亭玉立，非常漂亮，立刻起了淫心。于是，他立刻命打手把黑翠金押到寝室，打手们走后，他亲自松绑说："黑翠金，如果你老老实实地从了我，今天就放了你们，也不让你交爬蔓瓜了，怎么样？如果你不依从，你们三口人甭想活着出去！"

黑翠金心想，答应他，就毁了自己的清白；不答应他，肯定难逃魔爪。思来想去，她便眉头一皱，计上心来，问道："你说的是实话？"

司徒玉全员外爷说："本员外爷不打诳语，只要你依了我，就放你们走。"

黑翠金说："我有一个条件，你要答应，我就依着你；如果不答应，我就死在你面前，怎么样？"

司徒玉全员外爷问："什么条件？"

黑翠金说："你先放了我父母。"司徒员外想着这样可以得到黑翠金就答应了，说："可以。"

答应放就真放，司徒玉全员外爷同黑翠金把她的父母送过南戏楼，立刻拉住黑翠金的手回到卧房，扶坐在床上。他走过去插上屋门，回头一看，黑翠金就不见了，他认为自己眼花了，急忙弯腰伸手摸床，空空如也，确实没有了黑翠金。他抬头看看屋门，插得死死的，心说："她跑不出去。"于是喊："黑翠金，你赶快出来，再不出来我就用宝剑刺你了。"说完，他就从刀架上抽出光闪闪的宝剑来，看看四周，然后坐在床上等，可是，等了半个时辰也不见黑翠金出来。他挥舞宝剑，满屋子找黑翠金，连床底下都看了也没有，一抬头，发现床上有一个说圆不圆、说长不长的黑皮瓜，还带着长长的茎蔓，绿油油、光闪闪，非常好看。司徒玉全员外爷一见，自言自语："那就是爬蔓瓜吧？"看看屋子四周，仍然没有人影，他走到床前，用宝剑一指爬蔓瓜说："我先把你切开看看。"主意打定，司徒玉全员外举起宝剑就要切爬蔓瓜，没想到宝剑调转剑头，狠狠地刺进他的胸膛，员外爷倒地身亡——这乃是黑翠金被逼无奈，急恨攻心，神灵助力，使她变成爬蔓瓜后与员外爷同归于尽……

第二年清明节，黑翠金的父母去给闺女黑翠金烧纸上供时，发现一大棵瓜秧，浑身碧绿，茎蔓悠长，非常茁壮，羽状叶子，开着黄花，结出一个说圆不圆、说长不长的瓜，特别好看。夫妇二人恍然大悟，这就是司徒玉全恶人要的"爬蔓瓜"，想想闺女被逼而死，换来这棵爬蔓瓜，他们立刻抱头痛哭。哭完，就把爬蔓瓜改叫"黑翠金"，以寄托思女爱女之情。夫妇俩恋恋不舍地刚要离开，那爬蔓瓜突然破裂，夫妇二人又一次痛哭流涕……

后来，他们便把瓜籽带到无定河畔，开辟出一块瓜园，春天下种，六月瓜熟，一年比一年好，每年慕名到庞各庄购买"黑翠金"瓜的人络绎不绝。黑家代代相传，种植面积也越来越大。久而久之，黑家后代和瓜农们看这"黑翠金"的瓜皮油黑闪光，上边有一道道细小的条纹，如同人绷脑筋痛恨广阳城的员外爷们，遂又给瓜起名叫作"黑绷筋"。

后来，除"黑绷筋"瓜之外，又有了"大花苓""小打瓜""一面白""全身绿""新红宝"等种类。再后来，人们知道瓜的祖先是在广阳城西边的庞各庄村西无定河畔种植发展起来的，就统统叫作"西瓜"了，至今未易。

南海大士自请缨

却说蓟县重镇广阳城的土地爷奉玉帝之命到庞各庄镇上任而走的时候，正是汉武帝刘彻元朔二年（公元前129年）八月十五日中秋节的上午。只见亢怀员外爷站在一棵酸枣树下指挥奴仆们拆庙，指手画脚，骂骂咧咧。玉帝道："王母娘娘，你施法，先让亢怀员外爷吃个苦头。"

王母娘娘道："好！"只见她拿起一个小巧玲珑的绢扇向下界一扇，从那棵酸枣树上掉下一股乱糊糊的东西，劈头盖脸地往亢怀员外爷的身上落，砸在他的头上、脸上，钻进他的脖颈子。亢怀员外爷"哎哟"一声，立刻躺在地上打滚儿，爹呀妈呀地大喊，犹如鬼哭狼嚎——原来，那股"乱糊糊"的东西是蛰人疼痛的"蟪蟪儿"。拆庙的奴仆们见此，都围过来看，谁也不干活了——那些"蟪蟪儿"并不是酸枣树上的虫子，而是王母娘娘制造的神虫。

玉帝看看道："好，起码让他三天下不了炕。"

王母娘娘道："听说那三百六十个员外爷没有一个好东西，都应当严惩！"

玉帝道："你说得太对了，咱们屡接诉状，都说这些醉生梦死的员外爷无法无天，他们不但藐视神威，铺张浪费，不顾人们的死活，而且一意孤行，为非作歹，不知收敛，真是罄竹难书哇！看来，不惩罚他们是真不行了！"

王母娘娘道："是呀。"

玉帝又一挥手道："先等等！"

王母娘娘问:"为什么?"

玉帝道:"朕认为,现在咱们了解到的全是县、州、府、路各级神王的禀报和诉状,并没有实地考察一番,若非如此,就要伤害无辜;假若确实如此,定灭不饶。"

王母娘娘问:"让谁去呀?"

玉帝道:"我想委托观世音菩萨走一趟。"

王母娘娘问:"什么时候去请?"

玉帝道:"事不宜迟,这件事得速战速决,咱们俩马上就到大雷音寺去一趟,当面与如来佛祖商量。"

王母娘娘道:"好!我收拾一下咱们就动身。"

"不用去了。"随着一声清脆的女性声音传来,只见观世音菩萨手托杨柳净瓶走进灵霄宝殿。

玉帝和王母娘娘见后,立刻起身相迎,宾主落座,玉女献茶。

玉帝拱手道:"不知菩萨驾到,有失远迎,诚望恕罪!"

观世音菩萨起身道:"岂敢!岂敢!佛祖知道玉帝要惩罚蓟县的广阳城,特命弟子前来领命,速去考察,以定灭留。"

玉帝和王母娘娘听后,起身西拜,感谢佛祖雪中送炭、移驾菩萨。谢毕,三神又仔细商讨了一番之后,观世音菩萨告别玉帝和王母娘娘,只身作法下界,脚踏祥云,直奔蓟县的广阳城而去……

却说蓟县广阳城中的亢怀员外爷被"蟪蟪儿"折腾了三天三夜才被郎中治好。他非常痛恨那棵酸枣树,便命奴仆们去砍,奴仆们答应一声就走,他又喊道:"等等!"

奴仆们站住,仆头问:"老爷,您还有什么事?"

亢怀员外爷狠狠地说:"你们把它砍倒之后再把根挖出来,连根带树干树枝扔到广阳河里去泡烂它,以解我心头之恨!"

仆头说:"奴才遵命!"

亢怀员外爷一挥手,奴仆们立刻前往,当他们气势汹汹地来到一看,哪里还有什么酸枣树?却有一块汉白玉碑,上写"土地神位"四个大字——这乃是观世音菩萨在云中作法，保护住酸枣树。

奴仆们一见目瞪口呆，急忙向亢怀员外爷禀报。他闻报后非常纳闷，寻思着："酸枣树怎么变成汉白玉碑了？"立刻一挥手说："走，看看去！"大家即刻前往，亢怀员外爷疑惑地用双手摸着汉白玉碑转了三圈，确信无疑，于是说："不管它了。"抬胳膊一指问："你们看看这个还是土地庙吗？"

奴仆们齐声回答："是！"

亢怀员外爷说："你们赶快拆庙吧！"

奴仆们齐声回答："遵命！"立刻就动手拆起来，七手八脚，很快就把庙顶扒完，门窗卸掉，墙壁推倒，正要用铁链子强拉土地爷等泥塑神像……

观世音菩萨越看越气，站在云层上从净水瓶中取出柳枝一点，铁链子"噼里啪啦"地断了好几节，奴仆们就势后仰，站起来一看，土地爷攥着拳头瞪着眼，不免心中害怕，认为是土地爷显灵了，慌忙跪在地上磕头不止……

亢怀员外又一阵纳闷，心里想："这么结实的铁链子怎么会拉断呢？八成是这个死土地爷跟我过不去。"他一边想着一边一瘸一拐地走到泥塑的土地爷神像身旁，又踢又骂道："他妈的泥胎子，你是不是成心跟我亢老爷捣蛋呀？告诉你，我不怕天不怕地，不怕佛爷给我托梦，不怕你显灵，更不怕十殿阎罗。你一个小小的土地毛神怎么敢阻挡我？你赶快滚蛋，不然的话，我就把你扔进广阳河里化成泥浆，让你永远死无葬身之地！"

亢怀员外骂完，又立刻命令奴仆们说："你们赶快去找铁链子，将他再拴牢一些，给我拉倒，如果今天拉不倒，不但不管你们的饭吃，而且一分银子的工钱也不给你们！听见了吗？"

奴仆们一边答应着说"听见了"一边四散去找铁链子，可是找了一个时辰也没有找到一根铁链子——这又是观世音菩萨阻止所为，明明是铁链子，看着则是三批绳。

奴仆们回奏，问亢怀员外爷怎么办。他眉头一皱，计上心来。于是说："找不来铁链子就不拉了，但是必须把泥胎给我弄走！"一指地上，"你们用铁锤把泥胎给我砸烂，然后扔到广阳河里，听明白了吗？"

可是，奴仆们谁也不敢第一个去砸土地爷神胎，站在那里哆哆嗦嗦地不敢动手，面面相觑。

　　亢怀员外爷知道奴仆们心有余悸，惧怕土地爷，大骂他们一个个全是没有用的东西，气愤地上前拿起一把长柄铁锤，走近土地爷神像，抡起来狠狠地砸了下去。只听"啪"的一声，铁锤没有砸到土地爷神像的身上，而是砸在了他自己的脑袋上，顿时血流满地，倒地身亡。奴仆们一见，四散而逃。

　　你道这是何因？亦是观世音菩萨作法惩恶，让亢怀员外命赴阴曹地府了，本来还有一年的寿数也被糟没了。

　　在观世音菩萨的保护下，土地爷的泥塑神像身体完整。观世音菩萨施法将神泥塑像送往庞各庄土地庙以后，立刻回到广阳城的上空，按下云头，轻身而落，摇身一变，变成一个衣衫褴褛、白发蓬松、步履跟跄的老年女乞丐，她要亲自探访广阳城中员外爷们的虚实……

杀人盗宝普救寺

却说唐代幽州郊南蓟县重镇广阳城中的普救寺有一件无价之宝。一天夜里宝贝被盗，还有两人被杀。这急坏了住持欧阳宝森，他连早饭都没有顾得吃就往幽州府衙赶，报案领罪，求抓凶手，夺回国宝。

那么，这个普救寺到底有多大，能有国宝？传说这个普救寺坐北朝南，面积在广阳城中的诸多寺庙中是最大的，建筑十分壮观：古色古香的围墙，四周松柏环抱，绿树成荫，辟有东西两座山门和钟鼓楼、正殿、后殿、配殿、天王殿。正殿门楣匾额上书"普救寺"三个笔力遒劲的大字，传说是唐太宗李世民的御笔。正殿内供奉着释迦牟尼、十八罗汉和迦叶、阿难的塑像。正殿前有四棵枝叶繁茂、二人合抱粗的松树，一字排开。右侧立有一块赑屃驮石碑，传说碑正面是唐太宗写的《御制普救寺》碑文，述说建寺情况，碑背面是李世民的五律御制诗。其曰：

阶前布绿荫，两侧便宜人。
普救青牛气，辕门白马吟。
是非无烈焰，真伪有高云。
四季春风暖，八方香火新。

却说住持欧阳宝森来到府衙前击鼓鸣冤，被带到大堂，他匍匐在地，给幽州太守磕了三个头，然后双手合十道："阿弥陀佛，贫僧有罪，罪大恶极，把《千手观音》绣像丢了！"

太守一听，"腾"地站了起来问道："什么？你把《千手观音》绣像丢了？"

住持欧阳宝森道："是是是！贼人还杀死了千空和万灭两个僧人，血流满地。太守大人，请您给我做主呀！"

太守问："千空和万灭在哪里被杀的？"

住持说："就在绣像前。"

太守问："是不是那两个和尚也想盗宝哇？"

住持说："不是不是！我们为了保护《千手观音》绣像，昼夜派两个和尚'坐禅护宝'。今晨换班，发现夜里值宿的千空和万灭二僧被杀，惨不忍睹，绣像不翼而飞，贫僧便马不停蹄地前来禀报，请太守大人开恩，捉拿贼人，为死者报仇。"

太守听完，认为案情重大，命住持回寺，一旬之内闭门谢客，中断香火，速认真调查，寻找蛛丝马迹。住持千恩万谢后，急忙回普救寺去了。太守唤来中军和捕快，如此这般地进行了一番布置，立刻分头去捉拿盗宝之贼。

却说幽州太守派捕快捉拿杀人夺宝的贼人，十天期限已经过去九天，一点蛛丝马迹也没有发现，急得他团团转，心想，这要传到皇上那里还了得？判不了死罪也得充军边疆。他又怀疑起普救寺的住持欧阳宝森来，估计他是监守自盗，为掩人耳目前来报假案，遂派中军带人，连夜将普救寺的住持欧阳宝森传来，他要重新审视一番，察言观色，找出破绽，如果是他所为，定要追回国宝，严惩不贷。

这次，幽州太守在内厅中接待住持欧阳宝森。这不仅使欧阳宝森意外，更令他提心吊胆。交谈中，他不敢正视太守，端茶杯的手还有些哆嗦，额头上隐隐约约地浸着汗珠儿。住持微妙的表现，太守早已看在眼里，果不出自己所料，心里说："折腾来折腾去，原来他就是杀人夺宝的凶手。"太守突然冷语问道："欧阳宝森，你再想想再说说，千空和万灭到底是被谁杀死的？"

住持听后没有坐稳，"扑通"一声倒在地上，哆哆嗦嗦地说："贫僧真……

不知道,请……太守大人明……察!"

太守"嘿嘿"一笑喊:"来呀!"

立刻进来两个衙役,同时答应:"有!"

太守一指住持说:"把欧阳宝森打入死牢!"

两个衙役答应一声"是",立刻上前。正在这时,中军来到客厅,向两个衙役一挥手说:"等等!"

两个衙役抓住住持止步,等待命令。

中军忙与太守耳语,说完,站在一旁。

太守对两个衙役说:"你们俩把欧阳宝森带到牢房看守,听候发落。"

两个衙役答应一声"是",立刻将欧阳宝森带走了。

原来,中军假扮算命先生了解到,广阳城中住有三百六十个员外爷。他们住着青堂瓦舍的房子,吃着山珍海味,妻妾成群,呼奴唤婢,仍然不满足。一次,他们做完坏事,朱员外提议选"广阳城王"。

大伙一听,精神非常振奋,朱员外又说了:"想当'广阳城王'得有个条件。"大伙问什么条件,他说:"咱们赛宝贝,谁有世上罕见、空前绝后的无价之宝,谁就当'广阳城王',怎么样?"

大家异口同声地说:"同意!"

那么,朱员外为什么提出这样的想法?是因为他有一幅五代南唐画家赵幹的画品《江行初雪图》,画面上描绘着渔民们在冰天雪地上捕鱼的辛勤状况。他胸有成竹,势在必得。朱员外又同大伙议论一番,定好三天为限,"亮宝争王",确定谁是"广阳城王"。

刚才中军来禀报的时候,广阳城中的员外爷们"亮宝争王"的时间正是最后一天。朱员外亮出《江行初雪图》说:"大伙看看我这个稀世之宝,作者赵幹,他是江宁人氏。他最善于画山水、林木、风景,把美丽江南地区的楼舍、舟船、竹林、渔村、集市等等尽收笔底。这幅画烟波浩渺,活灵活现,堪称'世上罕见,空前绝后'!'广阳城王',非我莫属!"

其余三百五十九个员外爷一看一听,各个瞠目结舌,无可奈何地同意朱员外当选"广阳城王"。正当他得意洋洋的一刹那,苟员外爷高声大喊:"慢着,我不同意！"众人都将目光投向苟员外，只见他慢慢腾腾地展开一幅画，高高地举过头顶，原来也是一幅出自赵幹之手的《江行初雪图》，画面清晰，人物栩栩如生。只听他说："老朱，什么'世上罕见，空前绝后'？我手里也有一幅，说不定世上还有若干幅呢，不足为奇，你不能当'广阳城王'！"

朱员外顿时犹如霜打的茄子——蔫儿了。

众员外爷听后，面面相觑，无可奈何，谁也拿不出"世上罕见，空前绝后"的宝贝了。

新员外爷说："朱兄，我反正没有'世上罕见，空前绝后'的宝贝，估计别人也不会有，咱们别选了。"

众员外爷随声附和："对！对！对！"

苟员外说："我不同意停选！"说着，从桌子底下的箱子里取出一个画轴，面向众员外爷展开，原来是那幅丢失的《千手观音》绣像。在众员外爷刚刚开始鼓掌欢呼的时候，中军和四名捕快一拥而上，牢牢地擒住苟员外，中军接过《千手观音》绣像，小心翼翼地卷起来。苟员外被押回衙门。

众员外爷们顿时目瞪口呆。

苟员外自知理亏，只好实话实说："因为我与普救寺的住持欧阳宝森是好朋友，寺里的事什么也不瞒我。贞观皇帝赠宝的第三天，他就让我看了《千手观音》绣像，所以我知道供奉地点。为了争当'广阳城王'，十天前的夜里，我带着酒菜，趁人不备，摸进供堂，将千空、万灭两个和尚灌醉，杀人夺宝，跑回家来。"

幽州太守怒道："好你个苟员外，坑朋害友，背信弃义，利欲熏心，草菅人命，恬不知耻，留你何用？"

苟员外大喊："太守大人饶命！"

幽州太守说："饶了你的狗命，还有好人的活路吗？来呀！将罪大恶极的苟员外推到路旁斩首，悬头示众！"

两名刽子手立即执行，手起刀落，苟员外身首异处。

举世无双的《千手观音》绣像完璧归赵，幽州太守向住持欧阳宝森道了歉，重修《千手观音》绣像堂，严加守护。

常言说："勤行善，慎交友。"普救寺的住持欧阳宝森由于错交了朋友，蒙冤受难，险些命赴黄泉。

牡丹仙子救广阳

据传说,在广阳城中的建国寺旁边有一座牡丹园。牡丹园中有一棵硕大的牡丹,高有一丈,身杆粗壮,叶片肥大,花朵犹如小磨盘,红花绿叶,鲜艳夺目,分外妖娆。这棵牡丹还有一个特别之处,那就是一年四季常开不败,永不褪色,恰似一位亭亭玉立的美丽姑娘,笑容可掬而又彬彬有礼,虔诚地迎送着络绎不绝的前来观赏牡丹的男女老少。尤其是在朔风怒吼、千里冰封、万里雪飘的隆冬季节,她更是精神抖擞,茁壮挺拔,国色天香,婀娜多姿,花动广阳,漫舞婆娑,笑迎飞雪。

那么,到底这棵牡丹为什么到了秋季不败、冬季不凋呢?这里有一个动人的传说故事。

话说唐玄宗李隆基天宝二年(公元743年)春季的一天,广阳城中出现了一种叫不上名字来的瘟疫,没有几天的工夫就蔓延了全城。开始,家里的一个人发高烧,咳嗽,吐血,浑身无力,吃不下东西,后来就传染到其他成员身上。不仅如此,如果街坊四邻来串门儿,也会被传染。就这样,整个一个广阳城都被这种瘟疫笼罩起来,人们在痛苦地挣扎,唉声叹气,痛不欲生。

正当人们奄奄一息、求救无门的时候,从东城门外走进一位天生丽质、美丽大方的姑娘。只见她左手提着一把水壶,右手拿着一把干树枝,健步走到十字街口,放下水壶和干树枝,从路旁拾过几块半头砖码好,将水壶架在上面,从头上揪下一根头发放进水壶里。然后,她从衣服的口袋儿里掏出火镰和火绒,"啪啪啪"用火镰打着火绒,点燃干树枝放在壶底下燃烧,不一会儿就将壶里的水烧开了。她又从怀中掏出一个小水碗,提着水壶走进一户人家,这户人家的男主人叫吴大全。姑娘进院门一看,满目凄凉。她走进屋门,看见土炕上躺着几个病人,有男有女、有老有少,他们脸色苍白,不住地呻吟。姑娘不言不语,将壶里的水倒入小水碗里,一个一个地让病人喝。说也奇怪,当吴大全与家人将水喝进嘴里以后,不到一袋烟的工夫就坐了起来,浑身也有了劲。又过了一袋烟的工夫,全家人病好如初。他们立刻跪在地上给姑娘磕头,高兴地连连说:"谢谢姑娘!谢谢大救星!谢谢救苦救难的观世音菩萨!"

姑娘一个个地将他们搀起来说:"救人一命,胜造七级浮屠,这是应该的!"

姑娘又来到大街十字路口烧水的地方,她重新将水壶架好,从自己的头上揪下一根头发放进壶里,然后又掏出火镰打着火绒,点燃干树枝烧开了水。她提起水壶刚要走,忽然看见吴大全率领全家人跑来了。吴大全说:"姑娘,您在这里烧开水,我们分头去各家各户送水治病怎么样?"

吴大妈说:"我们要帮助姑娘,救活我们的街坊四邻!"

姑娘一笑说道:"那敢情好,谢谢了!"说着,马上从怀里掏出好几个小水碗,发给吴家每人一个,倒上水,让他们挨家挨户地去送,来来往往,犹如蚂蚁盘窝……

就这样,姑娘一次又一次地往壶里续头发,吴家人一次又一次地往各家各户送水治病,被治好了的人们也都来帮助姑娘送水,队伍越来越大,真是"众人拾柴火焰高"哇!他们从上午一直忙活到下午,全广阳城的老百姓都被治好了。

全广阳城的老百姓都恢复了健康,大家非常感谢这位美丽的姑娘为他们驱除了万恶的瘟疫邪魔,不约而同地主动回家做了最好吃的饭菜,争先恐后地要请姑娘到自己家吃饭。可是,当大家高高兴兴地敲锣打鼓去请姑娘的时候,却发现她已经死在十字路口的火灶旁边了。她安详地躺在地上,左手握住水壶,右手攥住干树枝,头上完全没有了头发,只剩下一个光秃秃的脑袋瓢儿,人们"哇"的一下全哭了。

"姑娘是为救咱们大伙累死的呀！"吴大全哭着说，"乡亲们，姑娘是第一个给我们全家驱走瘟疫的，请把她葬在我们家坟地吧，我们要感谢她一辈子甚至几辈子，每逢初一、十五给她烧香上供！"

族长说："我建议，咱们将姑娘葬在十字路口旁边的柳树林里，她像柳树一样温柔可爱，永远活在我们心中。大家觉得怎么样？"

众人异口同声："同意！"

大家同意后，纷纷主动出资买来大松木棺材，雇来最好的大杠和吹鼓手，要风风光光地让姑娘入土为安。可是，谁也没有想到，当大家伙刚要抬姑娘入殓的时候，她忽然变成了一棵牡丹花。只见她躯干瘦弱，叶片灰白，头上没有一朵花瓣儿，只剩下了那厚厚的花托。

吴大全看着看着恍然大悟，说："哎呀，我明白了，姑娘是位神仙，特意来救咱们的。"抬胳膊一指说，"大家看看，她的头发就是牡丹花瓣儿，壶里装的是圣水呀！"举起壶来，"你们看，你们看，都用光了！"

吴大全说完，人们齐声说对，要求赶快下葬。当吴大全刚要把那个水壶放下的时候，壶帮上立刻出现了几行小字，还嘶嘶细语，好像是姑娘在说话。吴大全说："等等！等等！有字儿！有字儿！"

众人立刻看着吴大全。

吴大全念道："乡亲们，我是广阳城南大门外土岗子上的一棵牡丹，奉王母娘娘召唤，要去天庭为玉帝祝寿伴舞。进城后，发现大家都得了瘟疫。我非常心疼，决定治好大家的瘟疫再去天庭，可没想到因驱赶瘟魔损身了，精血被吸干，也不能去天庭了。大家不要难过，请把我葬在建国寺旁边的牡丹园里吧，以便等待王母娘娘救我。"

大家听吴大全念完，"唰"的一下子跪在地上磕头，感谢牡丹姑娘的救命之恩。磕完头，大家小心翼翼地将牡丹姑娘抬入棺材，并将水壶和剩下的干树枝也放在棺材里，高声哭喊着"牡丹仙子一路走好"的祝福话，又遵照遗嘱，把她抬到牡丹园，打深坑葬好。第二天，就长出了一棵粗壮挺拔、肥硕鲜艳的牡丹。从此以后，人们每逢初一、十五和逢年过节时都给她上供、烧香、磕头、祈福……

磨盘似的牡丹花出现，也给广阳城和建国寺增加了光彩。武则天称帝后，受王母娘娘托梦，命人将牡丹仙子救出，护送到河南洛阳。直到今天，洛阳牡丹闻名遐迩……

鬼联应对

广阳城南城门外有一家"悦来客栈",生意十分红火。

有一年的隆冬,一位苏杭丝绸商人郝来喜来到广阳城。由于他的丝绸漂亮、花样多、质量上乘、价钱合理,很快就被城中员外抢购一空,他比哪次来赚的钱都多。他想,我住一宿客栈就赶快回苏杭,趁年关临近,人们都要做衣、做被还有婚丧嫁娶,我再多趸一些丝绸来卖,多赚点儿银子,好与父母、老婆孩子过个肥年。他主意打定,在太阳落山的时候就找客栈住,可是走了好几家,都说客满,没有空房。他最后来到"悦来客栈"投宿,接待他的是一个小伙计,肩搭白毛巾,笑容可掬,告诉他客房已满,请他到别处寻宿。郝来喜为难地说:"伙计,我走了好几家,都没有客房了,现在天时已晚,北风呼叫,大雪纷飞,我再也无处可奔,您行行好,给我挤出一间客房吧。实在不行,与别人合住也可以,明天早晨我就动身回家。"

尽管郝来喜说破了嘴皮子,小伙计就是不答应。正在纠缠不休的时候,走来一位六十多岁、提着灯笼的老翁,当他问明原因之后说:"客官,我们确实没有闲房了,不过……"

郝来喜打断老翁的话说:"老伯,我就跟您住在一起吧,多少钱都行。"

老翁摆摆手说:"我不想撵你走,你也不能跟我住在一起。"抬头看看天空说:"现在北风刺骨,您投宿无门,我非常同情客官的难处。这样吧,我们后院有一间堆放杂物的小房子,屋中有一个单人床,一张小桌子,您凑合一宿,就不收您的住宿费了。"

郝来喜一听喜出望外,连忙说:"我不怕屋子小、屋子脏、屋子乱,但您必须收我的住宿费,如果您不要,我住着也不踏实。"

老翁说:"我说不要就不要,因为……"

郝来喜见老翁欲言又止,忙问:"老伯,您有什么为难吗?"

"干脆我实话对您说吧!"老翁一拍大腿说,"那间屋子闹鬼,又哭又喊,阴森森的,没人敢住,如果客官不怕鬼,就住那里,我们坚决不收费。"

郝来喜一听,抬头看看漆黑的天空和挂在屋檐下的冰棱柱儿,冷气袭身,心说:"我一个顶天立地的男子汉,怕什么鬼呀?世上都说有鬼,可鬼是什么样子?我从来没有见过,今天是个机会,我倒要看看鬼是什么东西。"于是说:"老伯,我不怕鬼,就住那间屋子吧!"

老翁说:"那好那好,我们马上带您去!"说完,立刻让那小伙计打着灯笼在前边走,他与郝来喜在后边跟着。拐弯抹角地来到那间屋子前,老翁一指说:"这间就是。一会儿您到前厅洗澡间冲个澡,到饭厅吃完晚饭就安歇吧,您什么时候走都可以,不用打招呼。"——老翁认为郝来喜活不到天亮,所以这样对他说。

老翁说完就要与小伙计离开,郝来喜一把拉住老翁问:"老伯,好好的一个屋子怎么会闹鬼呀?"

老翁长叹一声道:"唉!我们这个客栈有上百年的历史了,根本就没闹过鬼,可是三年前……"老翁说出了原委——

原来,三年前的一个初秋季节,有一位穷秀才进京赶考,刚走到广阳城南大门前就刮起了暴风,紧接着就是电闪雷鸣,大雨滂沱,天黑得伸手不见五指。穷秀才被浇成了落汤鸡,他跑进"悦来客栈",要求住下。那天也是同样客满,就安排他住在此屋了。

郝来喜问:"他考上了吗?"

老翁一挥手道:"考什么呀,死在我们店里了!"

郝来喜听后大惊道:"哎呀,他是怎么死的?"

老翁说:"是他临死前挣扎着告诉我的。"

郝来喜问:"到底是什么原因?"

老翁说:"据秀才讲,他与县令的二千金相爱,求结连理,县令说贫富悬殊。他又没有一官半职,门不当户不对,县令死活不同意。"

郝来喜问:"后来呢?"

老翁说:"后来,县令在女儿百般请求下才网开一面,但提出一个要求,穷秀才必须有了功名才能当他的乘龙快婿,最低也要中个'探花',否则就不要痴心妄想。"

郝来喜遗憾地说:"哎呀!要是考不中就完了!"

老翁说:"二千金为了让心爱的人高中,恳求母亲,通过她在朝为官的舅舅从主考官那里讨来考题,偷偷地交给穷秀才,让他在进京的路上想出最佳答案。穷秀才指天发誓,说考不中不回来。他下保证说,'我决心进考场后一炮打响,骑马坐轿,夸官三日,然后衣锦还乡,完成花烛'。结果……"

郝来喜问:"这么说,穷秀才把考题答出来了?"

"答出来了。"老翁说,"他挑灯夜读,背诵考题文章,又在小桌子上展开宣纸,取出笔墨,吟诗作赋,一挥而就,非常潇洒。"

郝来喜问:"他写得是什么呀?"

老翁说:"就是那几道考题,可是……"

郝来喜问:"答题不精彩?"

老翁说:"不是不是!他被一副对联难住了。"

郝来喜问:"还有对联呀?"

老翁说:"听说是主考官临时加上去的。"

郝来喜问:"那副对联单比几言呀?"

老翁想了想说:"我估计,那张宣纸还在小桌子上放着呢。"抬手向屋中一指道:"好像是副七言句,您看看去。"

郝来喜问:"那对联命题是什么内容?"

老翁说:"好像是副风景联,有上联,让他对下联。"一挥手说,"快进屋吧,再晚了可就闹鬼了。"

老翁将灯笼递给小伙计，三个人先后进屋，老翁快步上前，从桌子上拿起那张宣纸递给郝来喜说："客官看看，就是它。"

郝来喜接过宣纸展开，小伙计把灯笼举过来。他默默地念道："噢！'风摇嫩叶千年绿'，好！笔力潇洒，横看竖看都顺眼，十足的王羲之体！"

老翁说："穷秀才功底不浅呀！"

郝来喜问："他把下联写出来了吗？"

老翁说："没有，他死就死在这下联上了。"

郝来喜问："是他告诉您的？"

老翁说："天亮以后，我去喊他吃早饭，顺便看他答出来下联没有。进屋以后，看见他在床上躺着呢，我走过去问他是否想出下联来。他说：'我手握毛笔，冥思苦想，一直想到鸡鸣五更也没有想出下联来，实在困了，就躺在床上睡觉，可是，说什么也睡不着。'我说，想不出来别着急，先吃早饭去。他说：'我不饿。'我说，你昨天晚饭就没吃好，一宿没睡觉会不饿？先吃饭，回头再想下联。我说着说着往床上一看，他已经奄奄一息，有气无力了。我喊了他几声，只听他隐隐约约地说：'老伯，我此番进京，急在蟾宫折桂，迎娶二千金，可是我连这副对联的下联都答不出来，还考什么状元？还考什么榜眼？还考什么探花？还有什么资格去娶二千金？'说完，他一口气没有上来就死在床上了，还流出了两行伤心的眼泪，可怜极了。"

郝来喜问："死了人，你们客栈受牵连了吧？"

老翁说："没有。我们立刻报了官，通知了死者的家属，客栈为他操办了后事，家属和官府都很满意。"

郝来喜说："您真是菩萨心肠！"又问："现在是他闹鬼吗？"

"不知道是不是他，谁也不敢进屋看。"老翁说，"反正一到半夜就听见屋里有人哭，哭得非常伤心，哭完了就喊'风摇嫩叶千年绿'这句上联。客官，夜里可要多加小心呀！"

郝来喜说："老伯放心吧，我如果死不了，明早就动身回家；我如果死了，您就用我身上的钱买口棺材，找个地方把我埋了，在阴曹地府我也要念您的好处！"

老翁说："您别说丧气话，您死不了！"急忙向小伙计一摆手，二人连忙离开了那间鬼房。

郝来喜关上屋门，点燃油灯，来到小桌子前，将手里的宣纸放在桌子上，见桌面上还铺展着宣纸，纸上落了一层尘土。他拿起来抖了抖，重新放在小桌子上，然后坐在床沿上，摸摸腰间说："银子还在，如果鬼真来，就给它一个大元宝。"说完，从包裹里取出两个从西红门带来的心里美脆萝卜，削去外皮，便吃，吃着吃着又走到小桌子前，拿起宣纸端详那副上联，看了一会儿便来到床前和衣而卧，等待着鬼的到来。

二更刚过，一阵哭泣声把郝来喜惊醒。他坐起来，搜寻着屋子的四周，寻找哭泣的方位，一会儿在门后，一会儿在顶棚，一会儿在桌前，一会儿在窗户旁，一会儿在床下，悲悲切切，哭声不止。郝来喜下了床，朝床下狠踢了几脚说："是人是鬼你赶快出来，郝爷爷的手下不死无名之人、不死无名之鬼！"

哭声立刻没有了，随之而来的是男子反复吟诵"风摇嫩叶千年绿"那句上联的声音，还听到"请郝大人帮帮忙！请郝大人帮帮忙！"的话。

郝来喜被折腾得难以入睡，他坐在床沿上沉思，认为向他求救的是鬼，但不是一个恶鬼，可能是那个穷秀才因为对不出下联而着急的好鬼。他心里说："我帮助他想想下联吧，如果对上，好让他早日轮回脱生，免受阴间之苦。"想到此，他立刻走到小桌子前，看着上联凝思，琢磨着下联。原来，郝来喜也是一个穷秀才，满腹经纶，才华横溢，但因无钱贿赂主考官，屡考不中，一气之下，弃文从商，做起了丝绸买卖。这时，他面对上联，搜肠刮肚，反复推敲，一时难以对出，便脱口而出："哎呀，对出这个下联太难了！"回到床上和衣躺下，就觉得一阵阴风刮来，定睛一看，一个病态十足的白面书生跪在了自己的面前，只听他说道："郝大人，您救救我吧！小生自病故之后，与我相爱的县令二千金也上吊自尽了。我满以为生不能成夫妻，死后能结连理，不料，阎王爷也让我对出下联来，否则就把二千金赐给判官作妾。郝大人，您快想办法帮帮我们俩吧！"说完，大哭起来。

郝来喜对他们俩坚贞不渝的爱情十分同情，决心成全他们俩的美事。于是安慰他说："别急，别急，让我好好想想。"说完，嘴里不住地吟诵着"风摇嫩叶千年绿，风……"

郝来喜想呀想呀，朦胧中看见小桌子上自己吃剩下的那个心里美脆萝卜，灵感顿生，脱口吟出："雨润繁花一品红！"吟完突然惊醒，原来是南柯一梦。他坐直身子反复吟咏，还想再斟酌斟酌，忽然看见房门一闪，又听见鬼秀才说道："雨润繁花一品红！对得妙！对得妙！太好了！太好了！平仄、词性、结构、意境恰到好处，天衣无缝！多谢郝大人成全，我和妻子在九泉之下永远不忘您的大恩大德！"说完，屋门又慢慢地关上了。

清晨起床，郝来喜与店家讲了夜里情况，为了答谢郝来喜为客栈驱鬼，店主老翁坚持让他白吃白喝白住了三天三宿，并结为密友，还请他把这副对联亲笔书就，请工匠装裱，镶嵌在檀香板上，挂在客栈大门门柱上。自此，那个屋子再也不闹鬼了。

老翁送走郝来喜，想想这副对联，举一反三，制作出两个名菜：上联的菜名唤作"千年绿"，即凉拌柳树芽儿；下联的菜名唤作"一品红"，即凉拌脆萝卜。

新添食谱贴出，慕名前来住店、就餐的客人络绎不绝。"悦来客栈"的生意也如日中天，第三年便把"悦来客栈"改成了"悦来饭庄"，扩大了经营范围，买卖更加红火了。

雨中香椿

却说广阳城北侧北运河支流龙河的河堤上有一棵碗口粗细、一人多高的香椿树,每到春夏两季就满树碧绿,叶片肥嫩,香飘四野,令人陶醉。

这棵香椿树有一个特别之处,那就是必须在阴天下雨的时候摘下的香椿才能吃,而且不管多少人去摘,总也摘不完,前边摘,后边长。风吹叶片喷鼻儿香,人们吃到嘴里,滋味纯正,甘甜爽口,清火祛病,延年益寿。凡是喜欢吃香椿的人们,都争着在雨天去摘,回到家里用开水焯,怎么吃都行。还有的人根本不用开水焯,摘下香椿拿回家里生吃,什么蘸酱、蘸盐、蘸糖都行,还有的人什么也不蘸,鲜灵灵的与主食一起吃,别有一种享受。久而久之,人们就给它起了一个好听的名字——"雨中香椿"。但是,若在无雨的晴天情况下摘的香椿,毫无味道,干巴苦涩,臭气呛嗓,令人作呕。

然而,老天爷不是每天都下雨,因此,喜欢吃香椿的人们总是盼望着阴天下雨。一天,广阳城中的南北大戏楼正在唱"对台戏"。突然鸟雀乱飞,阴云密布,冷风飕飕。常言说"云是雨母,风是雨头",一场暴风雨就要来了。不大工夫,"唰!"一道闪电,"轰隆隆"一阵沉雷,接着就是铜钱大的雨点儿从天空上砸下来,越下越紧,风催雨跑,雨裹风飞,"哗哗"的大雨铺天盖地而降。看戏的人们有的往家里跑,有的寻找避雨的地方,难辨方向,慌作一团……

却说那些喜欢吃"雨中香椿"的人们则兴高采烈,争先恐后地往北运河支流的河堤上跑去,他们要摘下难得的一次"雨中香椿"吃。

可是,说吃"雨中香椿",也不是那么容易就能吃到的。因为河堤上荆棘遍地,杂草丛生,通往香椿树的地方是一条崎岖的羊肠小道,两侧是红褐色的胶泥土,非常滑溜,堤下是滚滚而流的河水。每次冒着大雨去摘香椿的人当中都会有人滑倒,滚入滔滔的洪水中去,其中也有不少人丧了命。但这里有一个奇怪的现象,那就是凡被淹死者,大都是地痞流氓、抢男霸女、坑蒙拐骗、心怀叵测的家伙。人们说,这是"雨中香椿"对他们的惩罚。

却说这天风雨中,大家争先恐后地摘香椿,你一兜我一篮,你一袋我一筐,来来往往,络绎不绝。人们忘记了大雨带来的寒冷,尽管都被浇成了落汤鸡,但还是高高兴兴地摘香椿,将一把把绿油油、湿淋淋、水灵灵、香喷喷的"雨中香椿"摘下来,带回家饱餐一顿。人们采取各种方法吃香椿,一年到头,全家男女老少无疾病,头疼脑热不沾边,各个身强力壮,耳聪目明,尽享天伦之乐。

却说在摘香椿的行列中,有一个贼眉鼠眼的家伙,他就是广阳城中三百六十个员外爷之一的吝员外爷的大儿子吝希贵,人们都在背地里叫他"吝啬鬼"——因为吝员外爷年岁大,身体比较弱,要不是经常吃"雨中香椿"早就死了。这次,"吝啬鬼"在堤岸上摔了好几跤才走到香椿树下,差一点儿滚入汹涌澎湃的北运河中。

寒来暑往,冬去春来。吝员外爷在整整一百岁的时候驾返西天了。他并不是因病而死的,而是阳数已尽。他在弥留之际将"吝啬鬼"叫到床前嘱咐说:"希贵呀,你听好了,'雨中香椿'是宝贝,是全广阳城的财富,千万要让全城中的老百姓都能吃到'雨中香椿'。"

"吝啬鬼"刚刚点头答应完,吝员外爷就咽气了。

第二年春天,在一次风催雨浇的上午,"吝啬鬼"随着众人跑上河堤去摘香椿,脚下一滑,滚入河水中。他拼命地挣扎呼叫,几个会凫水的小伙子听到喊声立刻跳进河中将他救上岸来。"吝啬鬼"一个香椿叶也没摘成,万幸没有丧命,只好回家调养。待他身体强壮以后想想那次危险,仍然心有余悸,害怕得不得了。他心里说："为了吃一点儿'雨中香椿'，我何必冒那么大的风险呀！明年下雨时再去摘，万一再掉河里呢？没有人救我怎么办？"他思考了三天才得出答案，自言自语："我不能再冒那个险了，把香椿树刨回来栽在自家大门前，等大雨一来我们家先摘，何乐而不为呢！"——他早把老爹的话抛到九霄云外去了。他想干就干，立刻打发几个奴仆去刨香椿树，刨回来之后就栽在自家大门前边，施上肥料，浇透了水，单等刮风下雨时抢摘香椿。

常言说："人挪活，树挪死。"可是那棵香椿树却反其道而行之，冬去春来，非但没有死，而且还长得非常茁壮，枝繁叶茂，伴风婆娑，令人欣慰。就在这年五月的一天清晨，闪电一道接一道地闪亮，沉雷一声接一声地震响，北风一阵接一阵地猛刮，顿时大雨倾盆，铺天盖地，将那棵香椿树摧得左摇右晃，东倒西歪……

"吝啬鬼"让厨子赶快做饭，他与老婆高兴地跑出大门摘香椿，很快就摘下好几大筐，抬进院里，准备吃饭。

喜欢吃"雨中香椿"的人们看见下大雨了，纷纷往"吝啬鬼"家跑，可是跑到以后立刻雨过天晴，只好扫兴而回，他们边走边骂："这个'吝啬鬼'贪得无厌，早晚让'雨中香椿'给噎死！"

"吝啬鬼"看着几大筐"雨中香椿"手舞足蹈，非常高兴，庆幸自己的办法高明。他为了尝尝亲手摘下的"雨中香椿"，没让厨子动手，而是与老婆亲自放在开水锅里焯。没想到不焯则已，这一焯，立刻臭气冲天，呛得他们俩不住地咳嗽，气喘吁吁，不大工夫，夫妻二人头上长疮、脚下流脓、浑身红紫、二目突出，躺在香椿筐上就死去了——不是被噎死的，而是被呛死的。

从此，"吝啬鬼"家大门前的那棵香椿树变成了臭椿树。它的根系非常顽强，从广阳城中往外延伸，没有几年的工夫就扎遍了蓟县各地，几乎村村都有臭椿树。

（书中交代：如今人们看到的既不好闻也不能吃的臭椿树为落叶乔木，成年树粗大，高数丈，羽状复叶，臭味熏天，开白色兼绿色的花，结葡萄形状的翅果，材质松软，适合制造轻型物品，根和皮入药，有镇痛止血作用。）

张飞怒鞭苟员外

话说唐昭宗李晔天复元年（公元901年）正月，在广阳城西北角上有一座残墙断壁，无顶无盖、无门无窗、无供桌、无香炉，只有一尊张飞泥塑神像的张飞庙，尽管如此，香火非常旺盛。这是怎么回事呢？

原来，这座张飞庙分为前后大殿，左右山门，高台阶，大松树，外加赑屃驮石碑。终年香火旺盛，求神问卜的善男信女络绎不绝，熙熙攘攘。不料，在隋朝大业十年（公元614年）深秋的一天，突然被广阳城中三百六十个员外爷之一的苟员外爷看中。这倒不是他想借张飞的声望发财，而是想将庙地面积霸为己有，拓宽自己的花园，于是他命人将张飞庙拆除。因为张飞庙紧靠苟员外的后花园，一是香客人来人往，声音嘈杂，影响他携带妻妾们游园取乐；二是张飞庙挤占他的花园面积，使他的后花园不能成为完整的正方形，如同挖去一块肥肉。他看在眼里，烦在心里，又不舒服又窝囊，因此不准保留，必须拆除。

苟员外爷是个十恶不赦的家伙，一贯欺压百姓，抢男霸女，为非作歹，不可一世。就在人们忙于收秋种麦的紧张时刻，他依仗权势，指派恶奴抓来几十名老百姓拆除张飞庙，还不管吃喝不给工钱。其中一个叫阿祁的中年男子跪在地上给苟员外爷磕头说："苟员外爷，请您高抬贵手，不要拆张飞庙。"

苟员外爷问："为什么？"

阿祁说："因为我那八十多岁的老娘头疼不止，不能吃饭，不能睡觉，不能走路，瘦得皮包骨，吃什么药都不管用，我给张飞爷爷上供烧香求告，她才不疼了，您要是拆了庙，我娘就没地方求他老人家了。"

苟员外爷骂道："放屁！你别借着张飞庙跟我捣乱，滚！"抬腿一脚把阿祁踢倒。

阿祁爬起来继续磕头说："苟员外爷，您开开恩，给我们老百姓留条活路吧！"

苟员外爷越听越气，非但不同情，反而说他无事生非，惑乱人心，破坏扩建花园，不由分说，立刻命恶奴们将他乱棍打死，扔到乱葬岗喂了野狗。苟员外爷警告大伙说："你们听着，谁敢不拆张飞庙，谁敢耍滑头，阿祁穷鬼就是榜样！"

被抓来的老百姓见此，谁也不敢再求情了。大家只好动手拆庙，不到一天的工夫，先后推倒了四周围墙，捣毁了左右山门，扒下了张飞庙顶，砸碎了香炉，推倒了供桌，踩烂了高香和供品，烧掉了神龛。当大家把张飞的侍从泥塑神像拉倒运到空地之后，说什么也扳不倒张飞的泥塑神像。苟员外见此，认为老百姓故意不卖力气，有意保留张飞的泥胎，成心让他建不好花园。于是，他命恶奴抽打每人二十皮鞭，以示惩罚，如果再拉不倒张飞的泥胎，再打每人四十木棍。奇怪的是，皮鞭、木棍打下去老百姓都不觉得疼，只好装模作样地又推又晃，费了九牛二虎之力还是没有推倒。苟员外爷又命令把三批绳拴在泥胎上拉，可是刚一拉，绳子就断了。苟员外爷又命令恶奴们找来铁索链，套牢张飞的泥胎，让老百姓用力拉，虽然铁索链没有被拉断，但是仍然拉不倒张飞的塑像。苟员外又命令恶奴用皮鞭抽打老百姓，犹如赶牛拉车、在河岸上拉纤一样，把老百姓的身上、脸上、脖子上抽得青一道紫一道。有的人被抽破了皮肉，鲜血洇湿了衣服，从脸上、脖子上往下滴。尽管如此，张飞的泥塑神像仍纹丝不动，稳如泰山。

这情景使苟员外爷心急火燎，如坐针毡。他心里说："张飞的泥胎搬不走，砖瓦木料清不净，花园就无法扩大，也整齐不了。如果留着他，总是我一块心病，长年累月地给我苟家添堵。"他思来想去，忽然又想出一条毒计，于是说：

"你们听着，赶快拿铁锨刨斧，围着张飞的泥胎转圈儿挖坑，把他给我刨倒。"

被抓来的老百姓们一听不敢怠慢，立刻就拿起铁锨刨斧，刨的刨，挖的挖，喊咻咔嚓，叮叮当当地干起来……

苟员外爷心里说："只要把张飞的泥胎周围挖空挖深，不用拉，不用推，用脚一踹，他就会自己倒下去，然后再让穷鬼们把深坑填平，种树、种花、种草，永远不让他翻身。"

却说被抓来的老百姓们从太阳正午挖到太阳下山，从太阳下山挖到太阳冒嘴儿，又从太阳冒嘴儿挖到夕阳西下，一天一夜加半个白天，中间没有让大家吃饭喝水，挖了三丈多深。

苟员外爷走过去一看，把张飞泥胎的四周挖空了，挖深了，只有水桶粗细的一根土柱托着泥胎，摇摇欲坠，立刻露出一脸的狞笑，命令道："你们把他给推倒！"

被抓来的老百姓们听后立刻动手推，可是，张飞的泥塑神像仍然纹丝不动，稳如泰山，推也推不动，拉也拉不倒。一位老百姓问："员外爷，我们推不倒，还往下挖吗？"

苟员外爷说："你们出来，我看看再说。"

被抓来的老百姓如释重负，纷纷到坑外，站在一旁交头接耳，窃窃私语，都说是张飞爷爷显灵了，保护着他们呢。

只见苟员外爷走到坑沿向坑里看。突然，张飞的泥塑神像晃动起来，他幸灾乐祸地说："好好好！张飞张翼德，你已经黔驴技穷了，要倒要倒，不用我动手你就要下地狱了，哈哈哈……"

被抓来的老百姓们听见苟员外爷大笑，立刻围过来看。只见苟员外爷正在得意地发狂的时候，忽然悬在了半空。他低头睁眼一看，有一位膀大腰圆、八尺开外、豹头环眼、参参胡须的黑脸大汉手持皮鞭将他悬在半空，只听大汉说："苟不是东西，睁开你的狗眼看看我是谁？"

苟员外爷又仔细一看，慌忙央求说："您是张飞爷爷，我错了，我错了，您老人家饶了我吧！"

"饶了你？饶了你老百姓还有法儿活吗？"说完，只见黑脸大汉挥舞着皮鞭雨点般劈头盖脸地抽打苟员外爷，疼得他"嗷嗷"地如同猪叫，开始还不住地求饶，渐渐地就没有声音了。黑脸大汉又狠狠地抽打了几鞭子说："听着！大家把你的坟挖好了，下去吧！"说完一甩手腕，只听"嗖"的一下子，把苟员外爷扔进深坑，紧跟着传来"咕咚"一声响，苟员外葬入坑底。又见黑脸大汉一晃手中的皮鞭，挖出来的泥土自动飞起来，"呼啦呼啦"把深坑填满。黑脸大汉一纵身，站在一大块彩云上又一晃皮鞭，落下许多金元宝，那些被苟员外抓来的老百姓们每人得到一个，另外还有一个更大的，上边写着"阿祁"二字，大家知道是给阿祁的——这些金元宝是黑脸大汉从苟员外爷的金库里运出来的。一位中年人拿起一个金元宝，看看天空喊道："乡亲们，那是张飞爷爷救咱们来了，赶快磕头！"人们"呼啦"一下都跪在了地上，磕完头再看黑脸大汉，早已无影无踪。

人们纷纷起身，中年人拿起大个金元宝说："这是张飞爷爷赠给阿祁老妈妈的，咱们大伙给她老人家送去。"

众人异口同声地说："好！"

众人刚要走，只见侧歪着的张飞泥塑神像来回晃了几晃坐直了身体，满脸慈祥地看着大伙。大家又一次给张飞爷爷磕头，磕完头，中年人举着大金元宝说："张飞爷爷，我们马上给阿祁的老妈妈送去，请您老人家放心！"说完就招呼大伙走了。

从此，广阳城西北角上这个残墙断壁、无顶无盖、无门无窗、无供桌、无香炉、只有一尊张飞泥塑神像的张飞庙，香火旺盛起来……

展员外三难新婚女

传说武则天当皇帝年间,曾派女巡按谢瑶环到幽州蓟县查访惩处一个欺男霸女的色徒,很快就在唐代北方传为佳话。这是怎么回事呢?原来,居住在广阳城中的三百六十位员外爷之一的展传闻员外爷色胆包天,不知坑害了多少家庭和恩爱的情侣,闹得人心惶惶,怨声载道,敢怒不敢言。

却说有一年麦秋当中的一天,家住广阳城西门内"穷八家"中的青年于景龙与席狗庄村的姑娘杜桂花成亲。何为"穷八家?"不言而喻,都是穷人,最富的是做小买卖,最穷的沿门乞讨。于景龙家有两亩沙地,年年种黄豆,父母一边种地一边做豆腐。于景龙挑着豆腐担子串村叫卖,一来二去的就跟席狗庄村的姑娘杜桂花好上了。她父母见于景龙老实巴交,诚实可靠,家庭也不错,就同意了女儿的选择,批完八字就过礼,选好黄道吉日就迎娶。说是迎娶,并不是雇花轿,也没钱请乐队吹打,而是用自家耕地的小毛驴去接杜桂花。虽然说穷,但是还有个穷讲究。当地风俗,新人不能走重路,说走重路过不好日子。所以,去席狗庄村出广阳城西大门,接杜桂花上驴后,进广阳城东大门。这样一来,就得从展传闻员外爷家大门前过,就在于景龙牵着小毛驴刚刚走到展家大门前的时候,正好被展传闻员外爷送客人出门时碰上了。他抬头仔细一看,只见驴背上的小媳妇非常漂亮,就说:"快!把那个女人给我抢回家去。"他一声令下,狗腿子们一拥而上,打倒于景龙,拉下杜桂花,强行把她拖进展门。于景龙追过去，可是还没有追到大门前就被打手们拦住，被捆在门旁的拴马桩上，挨了一顿皮鞭。

来于景龙家贺喜的亲朋好友都到齐了，看看已经晌午歪了，新人还没有到，便问于景龙父母。他们也很纳闷，六七里地的路程，早就该回来了。有人问："是不是带礼不足，姑娘不上驴呀？"

于景龙父母说："都带齐了，带什么、带几样、带多少，都是亲家提出来的，不可能不上驴呀？"急忙叫过两个侄子说："景龙他们从东门回来，你们俩赶快迎迎去。"二人答应一声就走了。结果俩侄子把遍体鳞伤的于景龙背回家，诉说前因。大家听后，无可奈何，束手无策。客人们散去，于景龙父母怀着怒气上蓟县县衙告状，吉凶未卜。

却说展员外把杜桂花抢到家，欲行不轨。这时，杜桂花掏出了一把锃光瓦亮的剪子，那是娘家妈陪送她的嫁妆。只见杜桂花将剪子指向自己的咽喉说："你要对我无礼，我立刻死在你的面前！"

展传闻员外爷说："我知道，要了你的身，要不了你的心。我不难为你，但是你要听劝，跟着我，享不尽的荣华富贵，跟着那个穷光蛋，一辈子也幸福不了。"

杜桂花说："我穷人穷命，不敢高攀，放我回家！"

展传闻员外爷说："放你回家也行，我出三个题目，如果你答对了就放你回家，如果你答不对就得从了我，怎么样？"

杜桂花心里说："一个金玉其外、败絮其中的不学无术之人还能出得来什么难题？我倒要看看他能放出什么样的屁来！"走到八仙桌旁坐下，胸有成竹地说："你说吧，三个题目有一个我答不出来就从了你。"

展传闻员外爷说："好好好！你听好了：我有二十亩小麦地要种棒子，割完麦子就铺粪，得把肥料拉到地里去，前后左右各五尺一堆，不能有空缺，三人一天必须完成。"

杜桂花问："你那地边上有树吗？"

展传闻员外爷说："有，地北头是柳树行子，地南头是杨树行子，枝叶繁茂，能遮住太阳。"

杜桂花说："两人半天就完成了。"

展传闻员外爷问："怎么完成？"

杜桂花说："一个人砍杨柳树枝，一个人连运带插，前后左右各三尺一堆，比你说的密二尺，保证没有空缺。"

展传闻员外爷问："杨柳树枝能当肥料吗？"

杜桂花说："能。杨柳树枝是很好的绿肥，等晒干了一烧便成灰，就是上等的好肥料。"

展传闻员外爷心说："她真比我的爱妾们聪明。"又自欺欺人地说："你没有答对，我也不跟你计较，听第二题：我明天要办四件事，第一件，把一船小麦从广阳河中运走，运到地点以后，卸完小麦装西瓜运回来，必须大刮来回的顺风。第二件，我那两千棵金把黄大鸭梨树正是开花坐胎的时候，不能刮大风，一刮大风就受害，不能高产了。第三件，在场院晒小麦，要红日高照，越热越好，绝对不能下雨淋湿了。第四件，我那菜园子干旱得厉害，叶子都打蔫儿了，得下大雨浇黄瓜，越大越好。就这四件，你得想办法解决，否则我就对你不客气。"

杜桂花一听，心里说："这四件事前后矛盾，一个要风，一个不要风；一个要雨，一个不要雨。刮大风助船行驶，还不能伤害梨花，这哪可能呀？要晴天怎么下雨呢？不下雨怎么浇黄瓜呢？"杜桂花一时没了主意，额头上浸出了汗珠。她心里说："难道说，我真是这家伙的口中食？"她正在琢磨着，展传闻员外爷催上了："小媳妇，如果你答不上来，就甭想回家了。"

杜桂花站起来又坐下，坐下又站起来，急得她团团转，而展传闻员外爷坐在床上幸灾乐祸。

杜桂花拿起剪子，展传闻员外爷紧张地问："你要干吗？"杜桂花一晃剪子说："我不是老天爷，如何解决你说的问题？"

展传闻员外爷说："我知道你不是老天爷，你要是老天爷我还不出这样的题目呢！只要你说出解决问题的办法，让我心服口服就行。"

杜桂花听后，重新坐下，放下剪子问："真的？"

展传闻员外爷说："我说话算数，如果骗你，我就不是人了。"

杜桂花心里说:"本来你就不是人,狗嘴吐不出象牙来!"一拍剪子说,"有办法解决你的问题了!"

展传闻员外爷问:"怎么解决?"

杜桂花说:"你听好了。"立刻说出了四句顺口溜:

北风南风顺船刮,别出河道保梨花。
前晌骄阳晒小麦,后晌大雨浇黄瓜。

展传闻员外爷一听,无言以对,脱口而赞:"你真比老天爷还老天爷!现在你回答我的第三个题目吧。"说完向门外喊:"菊花!"一个丫鬟应声进屋喊:"老爷!"展传闻员外爷说:"你上厨房给我拿三双筷子来。"丫鬟答应一声"是!"转身而走。杜桂花心里说:"他要筷子干吗?是不是要扎我的眼睛呀?我有剪子在手,决不能让他得逞。"不由自主地摸了摸剪子。丫鬟拿着筷子进屋,展传闻员外爷一指杜桂花说:"给她。"丫鬟把筷子递给杜桂花后退出门去。杜桂花把筷子放在八仙桌上问:"你要干吗?"

展传闻员外爷说:"这就是考你的第三个题目。"

杜桂花看着筷子发愣,丈二和尚摸不着头脑,心里说:"他要问我筷子的材质还是问我筷子的产地呀?"

展传闻员外爷看杜桂花发愣微微一笑说:"我给你出一道数学题,你做得出来万事皆休,如果做不出来,就得乖乖地从了我。"

杜桂花心里说:"你只知道女人,还会什么数学?于景龙来我们村卖豆腐,我经常帮助他算账,难不住我。"于是说:"什么数学题?说吧,本姑娘洗耳恭听。"

展传闻员外爷说:"你听仔细了:用这六根筷子,摆出二十个三角形,少一个不行,缺一个也不行。"

杜桂花一听,心里说:"这是私塾学堂的数学题,你难不住我。"立刻拿起筷子,不声不响地在八仙桌上摆起来……

展传闻员外爷走过来看着,杜桂花边摆边说:"先摆一个三角形,再由三角形的一个顶点向对边摆一根，使它与对边交叉……"三下五除二就摆好了。杜桂花对展传闻员外爷说："你数数吧。"起身站在一旁。

展传闻员外爷认真地数起来："一、二、三……十五。"抬头看着杜桂花说："我数了十五个，你再数数。"杜桂花连数了三遍，都是十五个三角形。她慌了，心里说："这么简单的题，怎么就摆不出二十个来呢？看来，我是难逃魔掌了。"抬头看看窗户，早就没有阳光了，天逐渐黑了下来，她拿起筷子又摆，还是十五个三角形。

这时，杜桂花把剪子放在桌子中央，左一根、右一根、上一根、下一根地摆，突然出现了一个奇怪的三角图形，她数了数后，在心里骂道："这个挨千刀的，竟敢骗我，用六根筷子根本就摆不出二十个三角形的，必须用七根才行。"于是对展传闻员外爷说："我这把剪子算一根筷子，你再数数，是不是二十个三角形？"

展传闻员外爷胡搅蛮缠地说："你不能拿剪子当筷子，不算对。"

杜桂花问："你让我拿什么当筷子？明明六根筷子摆不出二十个三角形，你偏偏拿六根筷子让我摆，这不是故意刁难人吗？都说广阳城中的三百六十个员外爷'头上长疮、脚底流脓——坏到底！'我看你浑身上下没有一个好地方！卑鄙龌龊，臭气冲天！放我回家！"说着，拿起剪子就往屋门方向走，却被展传闻员外爷追上拉住，强往屋里拽。杜桂花一边挣扎一边想："我今天跑不了啦，不能被他糟蹋！"反手一剪子，刺进自己的咽喉。

展传闻员外爷见状一跺脚说："我的美人！"只好命奴才们把杜桂花的尸体扔到乱葬岗上去了。

再说于景龙与父母到蓟县衙门告状，不但没有告下来，而且每人还被杖责二十法棍后轰出公堂——原来知县是展传闻员外爷的亲外甥。

杜桂花的尸体被展传闻员外爷的奴才们抛到乱葬岗之后，立刻蹿上来一群野狗，正要分食饱餐。千钧一发之际，土地爷挺身而出，用他那驱妖斗鬼的拐杖赶跑野狗，保住了杜桂花的全尸，并守候在她身旁。杜桂花的阴魂被黑白无常鬼锁身招幡，拉向西天之路，在路过长安城的时候，看见一顶官轿迎面走来——那是女巡按谢瑶环的官轿，她要去太湖查处贪官，今夜是去皇上寝宫商量对策。杜桂花请求二位鬼哥开恩,允许她拦轿喊冤,二鬼可怜她,放她前去。杜桂花跪在轿前诉说不幸,要求惩治恶霸展传闻员外爷和为官不正的蓟县县令。

谢瑶环坐在轿中一激灵,从梦中醒来,回忆梦境,大吃一惊,想想去太湖还有几日,便与皇上武则天说明案情。她于次日启程,直奔幽州蓟县县衙,升堂问案,抚恤了于景龙一家,将徇私枉法的县令贬为庶民,永不任用;没收展传闻员外爷的财产归为公用。

杜桂花的魂灵走到阴曹地府第五殿,哭诉冤枉,阎王爷命判官一查生死簿,杜桂花还有七十年的阳寿,便放她还了阳。杜桂花死而复生,悲喜交加,于景龙背着杜桂花同父母返回家中,好言安慰,精心调养。半年后,二人重新拜堂成亲,过上了美满幸福的生活。

三百五十九位员外爷的由来

广阳城原有三百六十位员外爷,他们横行霸道、为非作歹、草菅人命、无法无天。后来就变成三百五十九位了,这到底是怎么回事呢?

传说某年夏季的一天,析津县肖各庄村(明朝万历年间改为庞各庄村)的大地主肖复渠得了孙子,请人唱大戏,十里八村来看戏的男男女女人山人海,非常热闹。同村的普通老百姓勾老泉新过门儿的儿媳妇勾任氏正在枣林铺娘家住。

枣林,即是枣树林,为朝廷御用小枣之地,很大的一片枣林;铺,是习惯叫法,意指看管枣树林的人们所住之处。当时只有四五户人家,土坯房,茅草顶,轮流负责看管枣树林。至元代,逐渐成村,有上百户人家,定名为"枣林庄"。至清初,又析为东枣林、西枣林两个村子,至今未易。

却说肖各庄村唱大戏,勾任氏的公婆认为机会难得,决定把儿媳妇接回来看戏。但儿子在黄村祥顺店学徒,还不到歇假的时候,没法让他回来去接媳妇,就请三侄子勾玉田赶着小毛驴去接他嫂子。不料,他一去不返,全家人一直等到第二天日上三竿也不见二人回家。勾老泉当机立断,亲自去枣林铺看个究竟,到亲家寒暄过后便说明来意,可亲家母说:"昨天吃完晌午饭叔嫂二人就走了,怎么没回家呀?"

亲家说:"从枣林铺到肖各庄不足五公里,中间只隔着广阳城,无山无海,道路虽窄而平坦,不会有什么危险,很快就会到家的呀,怎么没回去呢?"

这可急坏了三家人,分头到处去找,连河沟、树林、坟地、沙岗、砖窑、苇塘以及玉米地、高粱地、豆子地等庄稼地全找遍了,都没有他们俩的踪影。一时间,三家反目成仇:任家说勾家害了自己的女儿;勾家说任家害了他的侄子;勾玉田的父母说勾老泉与任家合谋害死了儿子玉田。真是公说公有理、婆说婆有理。后来,勾、任两家又把矛头指向了勾玉田,认为勾玉田总爱来家里串门,说些喜欢勾任氏的话,这次有机会单独与她在一起,新婚这么长时间儿子还没有回来过,可能互爱成奸,远走高飞了。然而,不管谁怎么猜、谁怎么闹,都无济于事,仍然活不人死不见尸。亲戚朋友都来安慰相劝,但安慰归安慰,劝归劝,谁也断不清他们的家务事。任家气愤之中,双手举着"勾家害死亲生女"的大状告到析津县衙,要求县令欧阳正堂为自己做主,惩治勾家,为女儿报仇。而勾家和玉田家联名告到析津县衙,强烈要求任家交出勾玉田,并包赔一切损失。

七品县令欧阳正堂一看,双方都想当原告,也都有道理。但是他想,让谁当被告也不合适。怎么办?他一方面准了双方的状子,告诉他们回家候审,另一方面派出三名捕快,化装成老百姓的装束,分头到他们叔嫂回来的路线一带明察暗访,搜寻蛛丝马迹。

一日清晨,捕快马云龙在广阳城西门外小饭摊上吃早点的时候,忽然发现一个骑马的老爷和身后抬着酒坛、布匹等礼物的伙计走进广阳城的西城门。不一会,又有两顶素轿先后走进广阳城的西城门,后边也跟着抬着礼物的伙计。捕快马云龙问身旁的一位中年人食客怎么回事。那人看了看四周后低声说:"造孽呀!广阳城中的吴仁新吴员外爷强逼一个少妇与他成亲,刚才那些骑马坐轿的,都是来送贺礼的。"

马云龙问:"您怎么知道?"

中年人说:"我一个表弟在吴府当差。"

马云龙点点头"噢"了一声又问:"吴仁新吴员外爷没有老婆?"

中年人长叹:"咳!何止是没有哇?我表弟说,多得数不清,就像衣服,穿完一件扔一件。"

马云龙在心里琢磨:"这个女的是不是勾任氏呢?那么,勾玉田又到哪里去了?难道说,勾玉田见钱眼开,在路过广阳城的时候把勾任氏卖给了吴仁新?"

中年人看着马云龙还在寻思,就说:"让我说,你别刨根问底了,吃完了赶快走,少惹是非。"

马云龙点点头,继续琢磨,一抬头,忽然看见一个仆人打扮的小伙子跑出广阳城的西城门,他边跑边回头看,中途还跌了一跤,慌不择路。当他经过饭桌的时候,马云龙一把拉住他问道:"你跑什么?"

"老爷饶命!老爷饶命!"小伙子浑身哆嗦,拼命地挣扎着央求,"放开我!放开我!"

这时,有两个打手模样的人手持绳子、木棍追出西城门,站下东张西望,似乎在找人。

小伙子抬头看见,说了声"他们追我来了",就慌忙藏在了桌子底下。

那两个打手在人群中搜寻了一阵后,看看马云龙他们吃饭的桌子,一个打手说了声"他跑不了",就顺着城墙向南边追去……

马云龙觉得此事蹊跷,立刻亮明身份,将小伙子带回县衙,好言安慰,好吃款待。小伙子看这位捕快和知县大人等对他没有恶意,便把他的所见所闻和逃命的原因和盘托出。他说:"我是吴府吴仁新吴员外的马夫,前几天,就是本月初五的后半晌,我跟吴员外爷会友回来,走到南城门前,看见一个年轻美貌的小媳妇正在买烧饼油鬼。吴员外爷看她好看、标致,立刻下马,上前答话,小媳妇不理他,拉着身旁的一个小伙子就走,吴员外爷……"

"等等!"欧阳正堂打断了小伙子的话,问道,"你知道她买烧饼油鬼干什么吗?"

马夫说:"我们吴员外爷问了,她说是给公公婆婆买的。"

"好一个孝顺的儿媳妇!"欧阳正堂点点头说,"后来呢?"

马夫说:"吴员外爷掏出一个金元宝给那个青年说:'小伙子,你媳妇我要了,用这个金元宝再另娶一个媳妇吧。'"

马云龙问:"他要了吗?"

马夫摇摇头说："没有。"

马云龙问："为什么呀？"

马夫说："那青年说：'老爷，她是我嫂子，不是我媳妇。'吴员外爷一听，马上夺过金元宝，命我拉着那个女的往城门里走。"

欧阳正堂问："你拉了吗？"

马夫说："我不敢不拉，可是我没有真用力拉。"马夫说，"我刚伸手抓住那女的衣服，就被那个青年狠狠地把我推倒了，我没有马上站起来，可吴员外爷从鞍桥下掏出绳子一抛，将那女的牢牢地捆住，强行拉入城门。"

欧阳正堂问："那个青年呢？"

马夫说："他拼命地追进城门。"

欧阳正堂问："后来怎么样了？"

马夫说："吴员外爷命令家丁把那青年关进水牢，说只要小媳妇跟他成亲，就放了他，否则就是死路一条。后来，吴员外爷让那青年劝他嫂子顺从，那青年在牢里破口大骂，吴员外爷一气之下就把他杀了。"

第二天早饭后，欧阳正堂骑马，率领着捕快和衙役三班，让马夫打扮成衙役，带着勾、任两家人和勾玉田的父母同往吴府，见机行事。他们从北城门而进，穿过北戏楼，越过普救寺，很快就来到吴府大门前，抬头观看，果然是一座豪华庄院。

落座之后，欧阳正堂差人将吴仁新吴员外爷带来，向他说明来意，命他交代抢女杀人的所作所为，实话实说，从宽处理，否则就要重判。吴仁新听后将脑袋摇得如同拨浪鼓，一百个不承认自己有罪恶，还污蔑有人栽赃陷害。于是，欧阳正堂又一次亮旨析津县规，言说利害，命他候旨待答。

众人拥进吴府后花园，在马夫的暗中指点下，发现假山石左侧的一棵垂杨柳下有一块地方没有长杂草，而且土质松软。欧阳正堂命令开挖，勾家人抢先动手，不到一袋烟的工夫就挖到了尸体。勾玉田的父母一眼就认出了自己儿子的衣服和鞋袜，"哇"的一声就哭了，死去活来，要求县太爷做主，为他们的儿子报仇雪恨。

欧阳正堂命人将吴仁新传来，指着死尸问他是怎么回事。吴仁新根本就不把欧阳正堂放在眼里,他一阵奸笑,非常嚣张地说:"欧阳大人,土匪将死人偷偷地埋在我的花园里可不是一回两回了,每回都敲去我不少银子,这回是不是轮到大人您了?您缺金子银子不要紧,说一声呀,怎么采取这种卑劣的方法讹诈呀?"

欧阳正堂忍着被侮辱的恶气,厉声问道:"吴仁新,你说本县是土匪还是强盗?"

吴仁新傲慢地摆摆手说:"不敢不敢!我是打个比方。"一指死尸,"就这么一个穷光蛋,害了他,我图个啥呀?"

"你图我的儿媳妇!你图我的儿媳妇!"勾任氏的公婆声泪俱下地大哭大喊,"你把我们的儿媳妇交出来!"

"哼!真是天大的笑话!"吴仁新一瞪眼,"你们别血口喷人,老子不吃这一套!"说完,向家丁们一挥手,"走!伺候老爷喝酒去!"一甩袖子扬长而去。

马云龙气不忿,欲去擒住吴仁新,但被欧阳正堂拦住了说:"咱们得想办法找到勾任氏,证据不确凿,他不会低头认罪的。"

马云龙问:"怎么才能找到勾任氏?"

欧阳正堂趴在马云龙的耳朵上嘀咕了一阵后,对大家说:"吴仁新耍赖,这个案子不好破,我们回县衙想办法,原告把尸体运回家安葬,费用由衙门出。"

欧阳正堂率领着马云龙和衙役们回到县衙,马云龙将马夫叫到捕快议事厅,仔细寻问吴府庄园的布局,马夫思考一阵后,详细地做了介绍,其中把水牢、旱牢和吴仁新的卧室说得更加仔细。欧阳正堂又问可能藏匿勾任氏的地方,马夫又认真地做了分析,提出了大概的方位和可能藏匿的地方。大伙听后,马云龙与欧阳正堂进行了一番缜密的研究和讨论,心里有了底,决定深入虎穴,查个水落石出。入夜,万籁俱静。马云龙只身进入吴府。

马云龙看罢多时,找到吴仁新的卧室。心想,勾任氏肯定在这个屋子里,得想办法找到她。马云龙连夜回衙,如此这般地向欧阳正堂禀报。第二天早饭后,欧阳正堂二次兴师动众来到吴府会客厅,对吴仁新先礼后兵,但他仍然拒不认罪，还出口不逊。欧阳正堂命衙役将他捆绑起来，押回县衙死牢，待呈文上报，听候发落。然后命马云龙等捕快们速去搭救勾任氏。他们砸破卧室的门，走进去一看，顿时目瞪口呆。马云龙一跺脚说："咱们来晚了！"原来，勾任氏已经自缢身亡。大伙立刻将她放下来，放在床上，蒙上床单，来到会客厅向县令禀报。欧阳正堂一听，也是非常遗憾，立刻率领人马回衙，呈文上报州府，要求严惩吴仁新。不料，呈状石沉大海，半年过去了，仍然没有回文。

这期间，原告们多次来县衙催案，要求尽快严惩恶霸吴仁新，为儿子、媳妇报仇雪恨。欧阳正堂也心急如焚，心想，像吴仁新这样的恶人若得不到严惩，就没有老百姓的好日子过了。于是，他冒着被革职的风险，亲自到州府催办。待见到知州大人以后，他并没有受到责备，反而得到了好言安慰，深感出乎意外。只听知州大人说："欧阳大人，你身为析津县的父母官，秉公执法，办事认真，有口皆碑，是朝廷的一根大栋梁，应当嘉奖。"

欧阳正堂拱手说："不敢不敢！承蒙大人栽培，小人决不辜负您的期望。"

知州点点头说："好好好！不过……"

欧阳正堂问："大人，不过什么？"

知州说："你办事认真，执法如山。不过……什么事都要适可而止，矫枉不能过正，过正则前功尽弃。明白吗？"

欧阳正堂回答："小人明白。只是吴仁新见色失德，连害两条人命，实属罄竹难书，死有余辜。还望大人尽快批文严惩，血债血还。"

知州一时语塞，不高兴地看了一眼欧阳正堂说："你先回衙，我考虑考虑再说吧。"

欧阳正堂遗憾地说："这……"

正在这时，州衙师爷走进门来，偷偷地塞给欧阳正堂一张纸条。他瞟了一眼走去的师爷，打开纸条一看，上面写道："吴员外爷是知州大人八拜之交的把兄弟，不看僧面看佛面，饶过他，您会高升的。"欧阳正堂看后心里说："原来如此，他们狼狈为奸，拖延此案，怪不得将呈文一压半年多，根本不把我这个七品知县放在眼里。"

"欧阳大人！"欧阳正堂正在痛恨着，忽然听到有人叫他，寻声抬头观看，原来是知州大人喊他,他急忙站起来,拱手施礼问:"大人,您考虑好了?如何严惩吴仁新?"

知州大人挥手示意说:"坐下坐下!我考虑了,勾玉田的死和勾任氏的自杀,不一定就是吴仁新造成的,从哪方面分析,都显得证据不足,案子也不能老这样拖下去。我看这样吧,不管怎么说,尸首也是在吴府发现的,就让吴仁新出三千两纹银,为死者办理后事,超度亡魂,余下的银子勾、任三家平分,续妻养子,添补生活。你看怎么样?"

欧阳正堂急得站起来又坐下,坐下又站起来说:"知州大人,吴仁新见色施威,连害两条人命,草草了了地用银子顶罪,下官如何向苦主交代?"

知州大人长叹道:"咳!事出有因,查无实据,你就罢了吧!"说完一挥手,"送客!"起身走入内室。

欧阳正堂回到县衙,想了三天三夜,越想越窝囊,心说:"身为一个县的父母官,不能保护自己的黎民,有了冤枉也不能申诉,这叫什么父母官!"正在这时,勾、任三家人来县衙问案,强烈要求吴仁新偿命。欧阳正堂对原告们说:"请你们少安毋躁,我马上再次面见知州大人,宁可不要我头上的乌纱帽,也要为你们做主。"

欧阳正堂手捧着乌纱帽跪在知州大人的面前,再次要求惩治吴仁新。知州大人烦躁地说:"军命如山倒,上州管下县,我说罢了就罢了,你怎么这样婆婆妈妈的没完没了哇?告诉你,就将吴员外罢了吧,不能再来找我啰唆!"

知州大人的几声"罢了",顿使欧阳正堂茅塞顿开。他眉头一皱,计上心来,连忙问道:"大人,您说耙(罢)了他?"

知州大人说:"罢了!"

欧阳正堂问:"真的?"

知州大人说:"真的!"

欧阳正堂问:"那卑职就按照您说得耙(罢)了吴仁新?"

知州大人不耐烦地说:"不是我说,你是父母官,说了算,把他罢了,再安慰安慰勾、任三家人,就别再找我了!听明白了吗?"

"明白了,明白了!"欧阳正堂心中暗喜,拱手退步,出门而去。

欧阳正堂回到县衙，作了一番缜密的安排。第二天辰时就从死囚牢里将吴仁新拉到广阳城北戏楼前面的广场上，三家原告、广阳城中的员外爷们和广阳城周围村庄的部分老百姓都来看热闹。欧阳正堂列出了吴仁新的数十条罪恶之后，又公布了惩治吴仁新的刑罚。他说："吴仁新狐假虎威，无法无天，见色失德，连害两条人命，实属罄竹难书，死有余辜。今奉知州大人之命，当众耙死吴仁新，为死者报仇雪恨！"

午时三刻一到，欧阳正堂命衙役们将吴仁新仰面放在广场中央，用铁链子拴牢其手脚四肢，再用钢钎钉在地上，使其不能动弹，然后将犁耙放在吴仁新的身上，尖亮飞快地耙齿朝下，刺破皮肉，鲜血滴出，他又命衙役们在耙框上拴牢绳索，套上骡马。耙人开始，随着吴仁新的一声声惨叫，犁耙反反复复地在他身上来回耙刮，不到一袋烟的工夫吴仁新便身首分家，呜呼哀哉了。

事后，知州大人闻知此事，暗恨自己口误，无理发怒，忍痛而止。

至此，广阳城中的三百六十位员外爷变成了三百五十九位。

梅花仙子惩恶霸

话说昔日大兴县境内的广阳城外有一条广阳河，广阳河上架着一座广阳桥，广阳桥紧靠着一座广阳山。说是山，但没有石头，乃是胶泥和黄土混合而成，那是开挖广阳河的时候堆积起来的。这座广阳山上有一棵梅花树，花山花海，婀娜多姿，格外引人注目。日出日落，年复一年，广阳城四周的老百姓都是从这棵梅花树上得知春天的来临，开始准备一年一度的春耕生产、提斗下种、耕轧锄耪。也就是因为梅花树及时地传来春的信息，大家积肥多，备耕忙，下种早，管理细，除草勤，使得年年五谷丰登、六畜兴旺，小日子过得美上加甜。

话说一年秋天，老百姓们正在忙着收秋种麦的时候，广阳城中的一个恶霸员外爷全吴德带领着大管家和两个恶庄丁到田间查看给他扛长活的人偷懒没偷懒，正好在广阳桥上看见珍珠姑娘与其父亲郝大全往家里运送老玉米。珍珠的妖娆漂亮，使全吴德心猿意马，顿生邪念。他突然上前拦住不放，非要纳其为妾不可，并立刻打发大管家回府取聘礼。

很快，大管家已把聘礼三个金元宝和两匹苏杭的绸缎布料取来递上，他急忙接过聘礼走到珍珠和她父亲面前献礼，大管家也上前帮腔作势地说明用意。郝大全严词拒绝，还"呸"了他们俩一人一口，走下桥去……

全吴德闹了一个大没趣，满脸发烧，热汗直流，心中怀恨，已经没有心情到地里去查看长工,灰溜溜地回了府。

回到府上的全吴德,越想越窝囊,自言自语:"他妈的!我一个在广阳城一跺脚四周乱颤的堂堂大员外爷,怎么会败给一个穷鬼?"他晌午饭都没有吃好,就带着大管家和两个恶庄丁来到郝大全家的门前。抬头一看,黄土院墙,柳条梢门,院内是三间半砖半坯的北房,两间小西厢房,房前堆放着刚刚掰回来的一堆老玉米,一只大芦花公鸡和几只母鸡在玉米堆旁边来来往往地觅食。大管家喊了几声,屋里没人答应,转对全吴德说:"老爷,他们家肯定没有人,咱们还是到广阳桥上等着他们去吧。"

全吴德点点头,四个人就带着聘礼往外走,出院门上大街。拐弯抹角地刚走到离广阳桥不远的地方,大管家一抬头,发现珍珠姑娘正在桥上站着呢。他急忙一拉全吴德,又向桥上一指,说:"老爷您看,就珍珠姑娘一个人在桥上呢,准是在等她的父母,咱们马上把她抓走,省下聘礼又得媳妇,两全其美!"

全吴德听后,看了看后又揉了揉眼睛再看,点点头说:"是她是她!太好看了,真是该着让我省钱得美女!"一挥手,"你们仨赶快去,把她给我抢到府上,成就美事,重重有赏!"

大管家听后,让两个恶庄丁把聘礼放在一个干净的地方,三个人便向广阳桥上走去。大管家首当其冲,猛然扑过去,伸出双臂想迅速地去搂抱珍珠姑娘。说时迟,那时快,珍珠一闪身,大管家扑了个空,越过桥栏杆,跌进滚滚而流的广阳河中。

珍珠面向两个恶庄丁微微一笑说:"你们俩猴崽子来抓我来呀。"

两个恶庄丁仔细一看,同时"咦"了一声。

庄丁甲心里说:"这哪是郝珍珠呀,她比郝珍珠还要漂亮。"一时不敢上前,他思忖:"我们先帮助老爷把她诓回府去,然后再来抢珍珠,老爷肯定得多给我们俩银子。"于是,他向那位姑娘说:"这位姑娘,你一定迷路了,好好等着,我马上雇轿子来抬你回家。"说完,急忙转身向全吴德跑去。

庄丁乙睁着坏眼向那位姑娘一招手说:"姑娘,我哥哥雇轿子去了,你赶快到我身边来,等一会儿我用双手搀着你上轿子。"

那位姑娘又是一笑说:"我就在这儿等着轿子吧!"

这时,郝大全推着一辆平板独轮车远远地走来,车上装着尖尖的、刚刚掰下来的老玉米,珍珠姑娘在前边拉着车。父女二人向广阳桥上走来,还没有走到桥中间,那位姑娘就迎上去说:"郝大爷,您父女现在回家有危险,等会儿再走吧。"

珍珠问:"有什么危险?"

那位姑娘抬手向桥下一指说:"珍珠你看,那个全吴德要娶你为妾,还想把我诓走,他们雇轿子去了,想一想,他能放你们回家吗?"

郝大全看了一眼姑娘说:"他不敢,你也别吓唬我们!"

那位姑娘说:"是真的,我看出来了,他非要娶珍珠不可!"

郝大全说:"他敢?我闺女绝不给他做小!"

那位姑娘说:"全吴德可厉害呀!您惹得起?"

郝大全说:"我不怕!"一拱手说:"谢谢姑娘的好意!"转对珍珠说:"咱们快走,今天还得把那些棒子掰完了呢!"

珍珠答应一声,父女俩推车下桥,那位姑娘嘱咐他们要小心,郝大全说了声"知道",继续推车往桥下走。

当郝大全父女俩走下桥头,还没有走到全吴德面前的时候,全吴德就嬉皮笑脸地迎了上去说:"珍珠姑娘,咱们俩今生今世有缘,必做夫妻,赶快跟我回府吧!"

珍珠满脸通红,欲骂无声,慌忙躲在父亲身后。郝大全气愤地"呸"了一声,骂道:"不要脸的东西,躲开!"转对珍珠说:"别理他,拉车快走!"

这时,庄丁甲已经将轿子雇来,问:"老爷,先抬哪一个呀?"

全吴德说:"一块儿抬!"

庄丁甲答应一声"是!"并站在轿旁。

郝大全父女俩一推一拉地刚刚走到花轿前边,全吴德一挥手,两个恶庄丁上前推倒郝大全,一边一个地抓住珍珠姑娘的胳臂强行往轿子的方向扯,珍珠拼命地挣扎大喊:"爹——"

郝大全爬起来,愤怒地扑上去,中途被全吴德拦住,抡起棍子,雨点般地抽打郝大全。可是，郝大全一点儿也不觉得疼，反而看见全吴德自己抽打自己的脑袋，"啪啪啪"的山响，最后摔倒在地，不省人事。

再看拖扯珍珠的两个恶庄丁，突然离开珍珠，推起装着玉米的独轮平板车就走。郝大全父女俩好奇地随后紧跟，但见两个恶庄丁拐弯抹角地把车推到郝大全家的院子里，放稳小车后跑走了。

在广阳桥上站着的那位姑娘随后而来，走到郝大全父女俩面前问道："郝大爷，这回您相信我的话了吧！"

郝大全一听无地自容，连忙拉着珍珠给那位姑娘跪下说："小老儿有眼不识泰山，您别见怪。"

那位姑娘一笑，上前搀起他们说："不怪不怪，快起来吧！"

郝大全不住地作揖磕头说："多谢姑娘救命之恩！"

珍珠作揖说："多谢神仙姐姐救命！"

那位姑娘说："妹妹别客气！"那位姑娘将他们父女搀起来说："我刚才出来遛弯儿，忽然听说全吴德要抢珍珠做妾，就急忙来到桥上等你们，没想到他们早就来了，还亵渎了我。"

郝大全问："姑娘，以后怎么办呀？"

那位姑娘说："全吴德还贼心不死，但你们不要担心，我会在暗中保护你们的。"说完转身而走。

却说全吴德把自己打倒，血流一地，难以站起。两个恶庄丁送玉米回来后，慌忙地将他扶起来，庄丁甲掏出一块布为他擦血，庄丁乙忙从地上抓起一把黄沙土敷在他的脑袋和脸上。全吴德"哎哟"着一抬头，正好看见搭救郝家的那位姑娘从眼前走了过去，他一指说："跟上她，一定要把她给我弄到手，然后再去抓郝珍珠！"

两个恶庄丁答应一声"是"，一边一个地搀起全吴德，尾随着那位姑娘而去。

却说郝大全父女俩也没有再下地掰棒子，郝大全说："珍珠，我琢磨那位姑娘有危险，人家救了咱们父女，咱们也得去救她，别让全吴德把她抢去。"

珍珠说："对！咱们把她送到家再下地。"于是，郝大全扛起锄头，珍珠拿起铁锨，走出家门，顺着大街追去。他们追了一段路，看见那位姑娘在前面走，全吴德与两个恶庄丁随后紧跟。只见那位姑娘拐弯抹角来到黄土堆起的广阳山上，来到一棵梅花树前，回头看了一下全吴德他们一晃就不见了。

庄丁甲说："老爷，那姑娘没有了！"

庄丁乙说："他走到梅花树下就没影儿了！"

全吴德看着茁壮美丽、梅花盛开的梅花树陷入了沉思……

在远处观看的郝大全对闺女说："珍珠，我看那位姑娘是梅花树变的，特意来救咱们父女。"

珍珠说："我看着也是，不然的话，怎么到梅花树下就没影儿了？"

郝大全说："对对对！那两个恶奴帮咱们送老玉米准是那位姑娘用的法力。"

却说全吴德思考之后忽然明白了，他指着梅花树骂道："他妈的！闹半天你是梅花变的呀？我早就听说土山上有一棵梅花树会变人形，专为穷老百姓办事，'梅花仙子'原来是你！今天非得教训教训你不成，不制服了你，你就不知道马王爷长着三只眼！"骂完转对庄丁们说："你们赶快抱柴火去，放火烧，把她烧成灰烬，永不托生！"

庄丁们答应一声"是"，立刻四散而去……

郝大全父女俩听后义愤填膺，在心里大骂全吴德丧心病狂，同时默默地祷告："梅花仙子，你可要多加小心呀！"

梅花仙子似乎听到了他们父女的祷告，微微地晃了晃树梢，可能是点头告诉他们她知道了。

不一会儿，庄丁们就把柴火抱来了，围着梅花堆起来，全吴德走过去说："他妈的，你不就是一棵修炼成仙的小梅花树吗？老子是梅花祖师的爷爷，今天我叫你死无葬身之地！"

郝大全父女在暗处看见庄丁们堆满了柴火，又听见全吴德这样骂这样说，急得浑身冒汗。

大管家看看堆好的柴火就问："老爷，什么时候点火呀？"

全吴德抬胳膊一指说："你们把柴禾再堆高点儿，别跟摊煎饼似的一大片！"

大管家听后向两个庄丁一挥手,立刻去往高处堆柴火,一下子堆过了梅花树坎儿,全吴德看着还不解气,走过去抓起一把柴火放在梅花树的顶上,然后退在一旁说:"点火!"

只见大管家与那两个庄丁分别点燃柴火,火苗儿顿时"腾腾"地燃烧起来,吓得郝大全和珍珠都捂上了眼睛,偷偷地一看,那火苗突然离开梅花树,直扑全吴德主奴四人。他们跑到哪里火苗就追到哪里,他们跑着跑着就全跑不动了,纷纷摔倒在地,身上燃起了三尺多高的火苗,不一会儿就全被烧死了。

郝大全和珍珠一见,拍手称快,急忙跑了过去,虔诚地跪在梅花树下磕头作揖,感谢她为珍珠、为他们家、为全广阳城内外的老百姓除掉了恶霸。

全吴德被惩罚的消息很快传遍了广阳城内外,那些曾遭受全吴德欺负的老百姓纷纷前来给梅花仙子烧香、上供、祈祷、祝福,乞求她永远保护大家无灾、平安、和谐、幸福……

完颜勖审案

"馓子麻花儿"是一种油炸白面面食,论根儿卖,有鸡蛋粗细,半尺左右长,超细条连接,拧成螺旋状炸熟,条儿为空心,蓬蓬松松,吃起来香脆可口,若想用它打卤拌面条或揪片儿(也叫"揪疙瘩")等食物吃,将其放在小容器里用开水一浇即成为糊状。这种食品是金代燕山府析津县(今大兴区)的特产,久负盛名。其产地在析津县重镇广阳城东南、辽代已成村庄的里险社(今礼贤镇)西侧五里地的沙岗子上。那里有一户姓朱的人家,掌柜的叫朱百年,因给金军喂马,将住地起名叫作"马房"。

朱家五口人,为金军喂马收入微薄,难以度日,便做起"炸油鬼"的小买卖。这"油鬼"也是一种油炸白面面食(今已不传),就是在白面里加入矾碱和匀,在油案上搓成细条,双条合成椭圆形,放在热油锅里炸,颜色呈金黄色后捞出即可,柔软香醇,其成品"油鬼"如骡、马、驴拉车或轧场时套在牲口脖子上挡夹板的东西,名为"套包"或"套包子",俗称"套缨子"。经过多年摸索,朱百年采取一种特殊工艺,将和好的油面用擀面杖擀平、擀薄,再抹油重叠,切成细条儿,裁为一拃左右长,取三四根微微一拧,放入油锅里炸,立刻抱成一撮儿,炸熟以后金黄酥脆,既散散松松又紧紧凑凑,拧成了麻花,比油鬼还好吃,便起名叫作"馓子麻花儿"了。后经反复试验,将条数增至八根左右,首次挑担到里险社大街叫卖,一炮打响,每天都供不应求,红白喜事人家多有订购。

却说内务府管事派人去找朱百年订购二百个"馓子麻花儿",并付足了银子,言明三天做好,第四天必须送到皇宫。朱百年知道这是御定,不敢怠慢,生怕误了期限掉脑袋,所以,全家总动员,昼夜赶制,不到三昼夜就做齐了二百五十个,因为他怕路上挤坏,所以多做了五十个,以便补缺。第四天,他三更起床,四更用饭,五更就挑着担子出发了,高兴地往北赶。当朱百年走到广阳城南门外的时候,忽然被迎面走来的海禄元(人送外号"海老鼋")看见了,不由分说,立刻命打手抢夺。朱百年跪在地上说:"老爷,您要想吃'馓子麻花儿'不要紧,回头我再给您送来,分文不取。"

朱百年坚持不给,海老鼋就让人把他的"馓子麻花儿"砸得稀烂。朱百年被气得说不出话来,向后一仰倒在地上,不省人事。围观的人们怕惹是非,慌忙四散而去。当太阳下山以后,他被人叫醒,睁开眼睛一看,蹲在自己身旁的是一位背着粪筐的白胡子老头,只听他说:"朱百年,赶紧上皇宫告状去吧。"朱百年坐起来,一指被糟蹋的"馓子麻花儿"说:"大爷您看,皇上要的贡品,都被这广阳城中的一个恶霸糟蹋了,今天是最后期限,我得赶快回家做去。"白胡子老头说:"哎呀!你得什么时候走到家呀?多长时间才能做出来?你赶紧告状去,告完状,请皇上宽限日期后再回家去做,这样你就不会被治罪了。"朱百年想想有道理,立刻跪地磕头,谢过白胡子老头,起身就走。白胡子老头喊:"等等!"朱百年站住问:"大爷,您还有什么吩咐?"白胡子老头说:"你这两条腿,得什么时候走到皇宫?"一打口哨,立刻跑过来一匹枣红马,他牵住缰绳说:"这是我家的马,骑着它告状去吧,一会儿就到。"朱百年不好意思地说:"这……"白胡子老头说:"告状保命要紧,赶快去吧,我家的这匹马会自己回来。"说着将缰绳递到朱百年的手里,他还想说什么,可是身不由己地骑在马上,腾飞而去——白胡子老头乃是天庭中的太白金星,特意奉玉皇大帝之命下界来救朱百年。

却说朱百年进宫告状,皇上准状,安慰了朱百年,并准许延期制作"馓子麻花儿",同时指派完颜勖率领一干人等前往广阳城查访,惩治坏人海禄元。

完颜勖等人来到广阳城,在南门外看了看被糟蹋的一挑子"馓子麻花儿",

恨从心起，决心严惩坏人。可是，他们走遍了广阳城内外，人们不是吞吞吐吐就是摇头不语，一点儿线索也没有，而且那三百六十个员外爷沆瀣一气，相互包庇，致使海禄元海老鼋逍遥法外。

后来，完颜勖经过细致调查，找出证据，严惩了海老鼋。

却说朱百年回家重新做好了"馓子麻花儿"挑担进宫，金熙宗完颜亶皇帝也奖赏了朱百年。恶人受惩，老百姓无不欢欣鼓舞。

（书中交代：过去，确实有"馓子麻花儿"这一小吃食品，也确实出自今礼贤镇的小马房村。据说，该村还有一曹姓人家制作"馓子麻花儿"，当时也很红火。但朱、曹两家谁先谁后，现已无从查考。然而，这种小吃，早在1956年公私合营前后就失传了，直至现在，也没有发现在大兴区内有卖这种小吃的了，这给人们留下了很大的遗憾。）

八仙误走广阳城

传说广阳城兴于汉、盛于唐、毁于金末，其地址就坐落在今大兴区黄村东南、庞各庄镇东北四公里处的地方。即狼各庄（原称"狼虎庄"）以南、四各庄（原称"四狗掌"）以北、天宫院（谐音"天狗院"）以东、西庄（原称"席庄"）以西。聚落呈长方形，南北长约二点二公里，东西宽约一点五公里，总面积为三点三平方公里，城墙磨砖对缝，辟有东、南、西、北四座城门，东城门门楣上的匾额为"苍龙"；南城门门楣上的匾额为"朱雀"；西城门门楣上的匾额为"白虎"；北城门门楣上的匾额为"玄武"。

广阳城四周还有外郭，每座城门的外郭都有一座高大宏伟的彩色牌楼，立在大路中央，牌楼的门楣上写着正楷"广阳城"三个大字。无论是从东南西北哪一方向来，进了这样的牌楼就是广阳城的地盘了。

广阳城的主街道为"井"字形，纵横数条，宽敞平坦，绿树成荫，鸟语花香。两侧房舍高大宏伟，鳞次栉比，户户深宅大院，别具一格；城中买卖云集，五行八作，各司其事，热闹非凡。城中住有三百六十位员外爷，他们娶妻纳妾，呼奴唤婢，挥霍无度，攀比着气派，作威作福，醉生梦死。广阳城里建有南北两个高耸壮观的大戏楼，三百六十位员外爷轮流坐庄，除特殊情况外，天天请戏班子唱"对台戏"，招引四面八方的戏迷们来观赏。广阳城物产丰富，金银财宝如山，粮食蔬菜充盈，物产应有尽有，堪称大兴县的首富之城。古北运河的支流龙河从城南流过，城中还建有普救寺、建国寺、三义庙、关帝庙及牡丹园、荷花池、御果林、蟠桃园等等。它的存在，可谓历史久远，名声斐然。

有一次，传说中的八仙聊天，当大家听到蓝采和与何仙姑说杀死了老龙王的两个孙子摩昂、摩闰时，都大吃一惊。问其原因，知道那两个龙孙仗势欺人，强抢花篮，愤怒之下，摩昂被何仙姑的飞剑杀死，摩闰被蓝采和的大板拍死。

铁拐李道："你们俩闯大祸了，老龙王夫妇就这么两个宝贝孙子，视如掌上明珠，如今被你们二仙杀死了，他岂能善罢甘休？非到玉帝那里告你们的状不可，要求偿命。说不定，我们六仙也得受牵连。"

蓝采和与何仙姑非常害怕，急问怎么办，请大家出主意。众仙进行了一番争论，有说该杀，有说不该杀，争论的结果，达成了息事宁人的共识，决定由铁拐李、汉钟离二仙牵头，立刻前往东海向老龙王夫妇敬献珠宝，赔礼道歉，待和解以后再回洞府。

八仙说去就去，各驾云头，风驰电掣般地往东海赶。忽然，一阵飓风刮来，天昏地暗，飞沙走石，犹如混沌未开，顿时让他们辨不清东西南北和上下左右了。迷迷糊糊地走了一大段路程，待飓风过后，他们来到了广阳城的上空，拨开云头一看，只见城中锣鼓喧天，彩旗飘扬，城南城北两个高大的戏楼正在唱"对台戏"，观众人山人海，卖小吃的摊贩摆布四周，好不热闹。他们还看到了十字街上摆满了小山似的大小不一的西瓜，卖西瓜的男女主人高声叫卖，购买西瓜的男女老少喜笑颜开，还看见有几个男女小孩子站在西瓜摊前高兴地啃吃西瓜，西瓜汤儿顺着嘴角往下流。

八仙们一见，马上嗓子冒烟，干渴起来。这时，蓬头垢面、袒腹跛足的铁拐李用竹杖一指说："你们看，广阳城的西瓜多么馋人，咱们下去买几个吃，解解渴，然后再去东海给老龙王夫妇赔礼道歉怎么样？"

众仙一听齐声响应，都说渴得难受，赶快下去买西瓜吃。众仙刚要下降云头，突然发现广阳城中那个莲花池波涛汹涌，荷叶破碎，莲花裂散，金光闪处，飞出千军万马。只见东海龙王敖广怒气冲冲地率领虾兵蟹将杀向空中，截住了八仙们的去路。这敖广何许神也？乃是老龙王夫妇的长子，他的儿子和侄子就是被蓝、何二仙杀死的。瑶池宴会之后，老龙王为了报杀孙子之仇，偷偷地使了一股飓风，将八仙们刮向广阳城之路，然后命长子敖广隐蔽在莲花池中等待截杀。敖广见八仙们驾着祥云而来，佩服爹爹的神机妙算，立刻率领兵将杀上前去，一心要杀死蓝、何二仙，为子、侄报仇。

铁拐李看见怒发冲冠的敖广杀来并不发怒，而是和颜悦色地上前拱手答话道："请太子息怒，老铁有话说。"

敖广怒火中烧，用宝剑一指说："臭乞丐，赶快将蓝采和、何仙姑二贼交出来，太子剑下不死听话之人！"

铁拐李仍然不烦不躁，用竹杖架住敖广的宝剑说："太子听着，我们八仙不想跟你斗法，是想去东海向你们父子赔礼道歉，不料错走了路程，在这里遇见了太子。"

众仙附和："是呀是呀！"

敖广怒说："少废话，赶快把他们俩交出来！"

铁拐李说："请太子息怒，都是误会，老这样争争斗斗何时算了？咱们和解吧！"

众仙附和："对，和解吧！"

"呸！"敖广怒道，"谁跟你们和解？蓝采和、何仙姑杀死了我们弟兄的两个儿子就算完了？想和解？没那么便宜！"

铁拐李问道："你想怎么样？"

敖广怒道："你赶快把那两个臭东西交出来偿命，万事皆休，不然的话，让你们八个东西有来无回，死无葬身之地！"

铁拐李心平气和地说："敖广，你的儿子和侄子强抢花篮，犹如强盗，是被误伤，你别抓住不放了。"

蓝采和说："我根本就不想杀他。"

何仙姑说："我也是，是想吓唬吓唬他。"

敖广怒道："呸！你们俩少装正经！"

铁拐李说："他们俩真后悔了。"

敖广怒道："废话少说！"用宝剑一指说，"蓝采和何仙姑，你们俩赶快出来送死！"

众仙说："原谅他们俩吧！"

敖广一笑说："什么？原谅？我先把你们一个一个地杀死，然后再求原谅行吗？"

众仙顿时无语。

铁拐李又耐心地劝道："敖广，常言说，冤家宜解不宜结，既然二侄已死，不能复生，你就高风格谅解了吧！"

敖广愤怒地使劲一削竹杖说："你别唱高调儿了，今天都让你们变为齑粉！"说着话，狂吼一声，率领虾兵蟹将掩杀过去，要与八仙们决一死战。铁拐李一举竹杖，说声"上！"八仙们斗志昂扬，各出兵器，奋力迎敌。

往返于广阳城中的老百姓、游客、买卖人等发现天上杀声震天，无边无沿的军马就要打到城中来，都被吓呆了，唱戏的不唱了，看戏的不看了，卖西瓜的不卖了，买西瓜的也不买了，吃西瓜的住了嘴，做买卖的都上了板、收了摊，胆小的跑走，胆大的躲在安全之处抬头扬首观看天空……

只见吕洞宾的宝剑上下翻飞，一剑将龟将军劈为两段。张果老一拍白驴屁股，说了声"吃！"只见白驴四蹄悬起，伸脖张口，一连咬死八条鲤鱼精。手托花篮和石榴的何仙姑向虾兵们抛出一把带尖儿的花粉，然后挥舞两个石榴，打死无数虾兵蟹将。身穿破衣蓝衫、一脚穿靴、一脚跣露的蓝采和，看准敌群，猛挥大板，立刻拍死一大堆白鲢鳝兵。铁拐李的竹杖专打龟兵敌头，"啪啪啪"，杖落脑裂。这时，何仙姑与蓝采和又绕到敌人的背后，何仙姑从花篮中取出一支火鹤放在蓝采和的大板上，吹上一口仙气，立刻变成了熊熊大火，直捣敌群，将虾兵蟹将烧得焦头烂额。韩湘子和曹国舅趁机挥舞手中的洞箫与玉板，打在敌人们的身上，疼得虾兵蟹将哭爹喊娘。曾经飞剑斩虎的汉钟离推波助澜，挥起宝扇一扫，连同敖广在内的那些虾兵蟹将犹如秋风落叶，四散而去，非死即伤。其中有不少尸体落入广阳城中，有的砸到了看热闹的人；有的跌入了莲花池，砸到了荷花，驱散了鸳鸯；有的落在了十字街上，砸坏了不少西瓜，吓跑了行人；有的掉在屋顶，又滚落在地上，吓呆了员外爷们和他们的家人家奴……

敖广仍然不服输，督促着所剩无几的伤兵败将负隅顽抗，叫骂着冲杀。只见汉钟离看准机会，高高地扬起蒲扇，狠狠地向下压去，将残余的敌人扇死在北戏楼的屋顶上，摔死在上面。唯有敖广幸运，他被扇向南戏楼，重重地撞在楼檐上，头破血流，须断鳞飞，立刻化作一阵清风飞奔东海，向老龙王诉苦去了。

八仙们大获全胜，高兴异常。铁拐李说："咱们这场战争给广阳城造成了不少损失，得帮助他们恢复起来。"

众仙听后积极响应，分别扮作客商和随从模样飘然而下，二仙一组，各从东、南、西、北四个城门走进广阳城中。何仙姑首先作法，她从花篮中取出一支荷花投入莲花池里，口中念念有词，顿时水平如镜，荷花满池，绿叶配着花朵，姹紫嫣红，争奇斗艳，鱼翔浅底，鸳鸯争戏。从此，广阳城中的莲花池遇有大雨，水不外溢；碰到大旱，水不干枯，始终如一地迎接着八方游客。

却说何仙姑作法结束之后，八仙们来到十字街口，也是两个神仙一组，分别站在东、南、西、北四处，招手天空，从玉帝的御瓜园请来西瓜仙子，将砸烂的西瓜复原如初，而且增大了个头儿和甜度，瓜农们一点儿也没有受到损失。从此，广阳城地区生产的西瓜闻名遐迩，游人争相购买，每年瓜季都被抢购一空。

八仙们看看四周，只见花坛残败，绿树折枝损叶，亭台楼阁砖飞瓦碎，他们立刻请来花仙、树神和鲁班，分别将其恢复原貌。

正当瓜农们感到惊奇的时候，八仙们每人买了一个西瓜高兴地吃起来，吃完西瓜，转身而走，出了广阳城，驾起祥云，直奔东海，又引出了一段久传不衰的"八仙过海"的传奇故事……

意外收获

传说在明代大兴县境内的广阳城遗址南边三里多远的地方，有一个四狗掌村，不到一百户人家，村民经常受地痞流氓和散兵游勇们的欺负，家家户户整日不得安宁。其中村中四柱子的父母就是因为恶霸地主南霸天抢夺他们的闺女时被杀害的。当时四柱子年幼，无亲无故，这家抱那家领，吃遍了百家饭。在街坊四邻好心人们的帮助下长到八岁，他非常懂事，人也聪明，不愿意再拖累大伙。他想："我已经长大了，不能再白吃大家的饭了，得自己养活自己。"于是，他便偷偷地走出自己那一间小土房，到外村讨饭吃。那天，当街坊郝奶奶给他送早饭的时候，他早已离开了村子。全村人都知道孩子的心意，同意他出去闯荡。一晃八年过去了，四柱子已经十六岁，回到村里，还住他那间小土房，自食其力，因为他没有耕地，除给街坊四邻帮秋之外，仍然以讨饭为生。但他长得一表人才，只是头发蓬松，衣衫褴褛，少言寡语，一般人看不出好坏来。

就在明英宗朱祁镇天顺元年（公元1457年）秋季的一天，还不到二更天他就起了床，揣上讨饭碗，拿起打狗棍，关上屋门就出发了。可是他越走天越黑，伸手不见五指，一时辨不清东南西北。他走着走着，忽然发现眼前是一座城池，高耸的城门大开，门楣上写着"朱雀"二字。他信步走进城门一看，啊！六街三市，买卖云集，五行八作，干什么的都有。再看行人，穿戴整齐，温文尔雅，男女老少，喜笑颜开。南北还有两个大戏楼，都在唱梆子腔，锣鼓喧天，笙乐震地，看戏的人山人海，乐不可支。

四柱子没有心思欣赏这些美景，心说讨吃的要紧，他越过南戏楼，走过北戏楼，当他来到一家门楣上写有"梅宅"的大门前的时候，正好有一个厨子模样的男人将一个圆乎乎的东西扔在垃圾堆上。四柱子急忙喊："老爷老爷，给口饽饽吃吧！"那人看了一眼四柱子，没有回答，转身进院，关上了大门。四柱子走近垃圾堆旁边低头一看，原来那圆乎乎的东西是一个破裂的小铁锅，里边有半锅白米饭，还冒着热气呢。四柱子明白了，心说："这是因为小铁锅被烧炸了，连大米饭一起扔了，多可惜呀！真巧，让我吃个饱！"他把小铁锅端起来刚要吃，忽然听到了公鸡打鸣的声音，"喤喤儿……"他不由得抬头一看，哪里还有什么城池和行人呀？自己正站在一棵大柳树下的坟头旁边呢，他非常害怕，抱着破铁锅慌慌忙忙地跑回村去，找到郝奶奶，放下小铁锅，说了发现城池和拾铁锅米饭的经过。老人家听后精神一振，告诉他说："孩子，那是广阳城重现，六十年才一次。"

四柱子问："怎么回事呀？"

郝奶奶说："很早很早以前，离咱们村不远有一座广阳城，城里住着三百六十位员外爷，都是达官贵人，腰缠万贯，骡马成群，生活糜烂，不干好事，最后惹恼了玉皇大帝和王母娘娘，就把广阳城灭了，城里边珍珠玛瑙有的是，遍地是宝贝，谁碰见谁都会发财。"

四柱子遗憾地说："哎呀奶奶，我竟顾要吃白米饭了，没有找宝贝！"

郝奶奶拿起小铁锅一看，高兴地说："孩子，这不是铁锅，是金锅！"说着抓起一把白米饭说："你再看看，这也不是白米饭，是珍珠哇！"在金锅里一搅，"哗啦哗啦"的脆响。

四柱子听着看着，跟傻了一样，瞪着眼睛反反复复地看着金锅和珍珠，高兴地扑在郝奶奶的怀里笑了起来……

这意外的收获给四柱子带来了好运。他有了钱，先答谢了一遍村里的乡亲们，后置地盖房，三年后又娶妻生子，过上了幸福的田园生活。

"大傻子"发家记

据传说,成吉思汗创建元朝之后,有一年浑河开口子,把距大都府重镇广阳城遗址不远的一个几百户大的村子冲得片瓦无存,大地汪洋一片,令人胆寒。唯有二十八岁的光棍汉大傻子背着双目失明的妈妈在黄村南边大沙岗子上砍柴火,才逃过了灾难。说他傻,他并不傻,只因他老实厚道,不会耍心眼,人们便给他起了这个外号,早就忘了他的真名实姓,连小孩子见面都喊他"大傻子"。他听后不急不恼,还高兴地答应。

浑河洪水一冲,娘俩无家可归,只好在大沙岗子上安家立户,砍树枝、割茅草、捡破席、拾瓦片,在向阳处搭建了一间小棚子,母子俩相依为命,艰难度日。"大傻子"仍然以砍柴火为生,挑着柴担到庞各庄、榆垡、黄村、狼垡、安定等集市上叫卖。他在来往集市当中,发现猪肉卖得特别快,无论是哪个肉摊,肥的、瘦的、头蹄下货,集集卖空。他还发现卖小猪、买小猪的人也不少,价钱也不太贵,砍两个月的柴火就能买一只。回家后,他把见到的情景一五一十地跟妈妈说了,并提出了自己的想法。他说:"妈妈,我看养猪比砍柴火卖钱来得快,沙岗子上有许多猪能吃的野菜,等攒够了钱,到集市上买一只小猪喂怎么样?"

妈妈说:"好是好,我什么也看不见,帮不上忙,你又砍柴火又喂猪得多累呀?"

"我不怕累！""大傻子"说，"砍柴、喂猪，两条腿走路，钱多了，好让您老人家吃点儿好的，穿点儿好的，少受点儿苦，等攒多了钱再把您的眼睛治好。"

从此，"大傻子"起早贪黑，干劲十足，原来两天卖一次柴禾，现在改为一天一趟，前晌卖柴，后晌砍柴，夜以继日，盼望着尽快攒够了钱，买只小猪崽养着，养肥了卖钱，卖回钱再买小猪崽，来个滚雪球，不怕大，只要天天让妈妈吃上无菜净面的金黄金黄的贴饼子或者是黄窝窝头。

有一天，"大傻子"起冒了五更，挑着柴担走出大沙岗子，他本来是去庞各庄集市，因为这天是大集，买柴火的人多，不知道怎么阴差阳错地转了向，直奔狼虎庄的方向走去了。他走着走着，突然发现一座城池，高大的城墙，磨砖对缝，宽阔的城门，两扇大开，一对金光闪闪的汉白玉大狮子在城门两侧卧着。他信步走了进去，抬头一看，啊！只见房屋错落，灯火辉煌，买卖云集，人来人往，非常热闹，他目不暇接，眼花缭乱。当他走过骡马市来到猪犬市的时候，看见大猪小猪比大狗小狗的数量还多，好大一片，有卖有买，讨价还价。他看见一位中年妇女从自己身旁卖猪人的手里买走一只三十多斤重的壳郎猪，听听价钱，摸摸腰间，自言自语道："我可买不起这么大的壳郎猪。"转身走开，他转来转去，来到路边一根灯笼竿子下，看好一只十来斤重的小猪崽儿，问卖猪的老汉这只小猪崽儿多少钱。老汉将左胳膊抬起来，张出巴掌。他看了一眼，说了声"买不起"，转身离开，刚走几步，忽然听见卖猪的老汉说："小伙子，等等！"他转身回来，诚恳地说："老大爷，我真买不起，您再等等好买主吧！"

卖猪的老汉说："小伙子，我看你老实巴交，真想买小猪崽儿，不是成心跟我捣乱。这样吧，我有一只小瘦猪，只有二三斤重，不爱吃食儿，我不想留着了，现在白送给你，分文不取，你抱回家去，养活了算你造化，养不活算你倒霉，怎么样？"

"大傻子"一听喜出望外，高兴地说："您真是一位好人！"立刻放下柴担，掏出一个大钱一举说："今天的柴火还没有卖掉，腰里就这个钱了，给您吧。"

卖猪的老汉摆摆手说："不要你的钱嘛！"一挥手，"收起来！收起来！"

"大傻子"不敢相信地问："真的吗？"

"你看我像骗你的人吗？"卖猪的老汉笑容可掬。

"不像！不像！不像！""大傻子"的脑袋摇得像拨浪鼓。

"你相信就好。"卖猪的老汉说着，弯腰从柳筐中提出一只小瘦猪崽儿放在地上说："就是它，我说白送就白送，赶快抱走吧！"

"大傻子"仔细一看，这只小猪崽儿又瘦又小，毛短稀疏，四蹄不展，双眼微合，嘴鼻无气，估计也就是一斤多，他本想不要，但又怕辜负了卖猪老汉的一片好心，琢磨了好一会儿，心说："我得要，不能让老大爷下不来台，抱回家去，死马当作活马治，如果喂不活，就剥皮给妈妈炖肉吃，反正自浑河开口子以来，妈妈还没见过荤腥儿呢！"于是，又从衣兜儿里把那个大钱掏出来，双手递向卖猪的老汉说："老大爷，您就收下吧，连同这担柴火都给您，就算我买猪崽儿的钱吧，您千万别嫌少。"

卖猪的老汉非常感动，心说："这孩子真是个好人！"于是连连摆手道："君子一言，驷马难追，我说白送给你就白送给你，赶快走吧，等一关城门，想出去也出不去了！"

"大傻子"听后，实在过意不去，还流出了感激的眼泪，他将那个大钱收好，跪在地上给卖猪的老汉磕了三个头，然后把小瘦猪崽儿抱在怀里，挑起柴担，恋恋不舍地离开卖猪的老汉。他怀着感恩的心情，刚刚走出城门就听见四周鸡叫"喔喔儿……"此起彼伏，紧接着又听"轰隆"一声，回头一看，城门、城墙、城池全没有了，看看泛亮的东方天空，已经出现了鱼肚白，这才恍然大悟："噢！我进了广阳城了！"

"大傻子"早就听爷爷奶奶和爸爸妈妈说过，广阳城六十年一重现，城内的宝贝无数，就是抓一把土都是金子，今天再现了。他想着想着，没有去集市卖柴火，急忙回到大沙岗子家里，看着喷薄而出的旭日，如此这般地跟妈妈说完，再看小瘦猪崽儿，已经变成了一头金光闪闪的小金猪。娘俩大喜过望，急忙跪在地上，面向广阳城遗址的方向磕头作揖，感谢给他小金猪的老大爷。后来，"大傻子"用卖小金猪的钱请来郎中，先为妈妈治好了眼病，妈妈重见光明。"大傻子"仗义疏财，在不断救济穷苦人们的过程中也娶妻生子，过上了美满幸福的生活，使妈妈尽享天伦之乐。

贪得无厌的黑老七

很早很早以前,在现在的大兴区东、西狼各庄南边有一处广阳城遗址,地下埋藏着许多金银财宝、珍珠玛瑙、官窑瓷器等物。

据传说,在清朝中期,距广阳城遗址南边三里之遥的地方有一个村子叫四狗掌,村子里有一户姓黑的人家,男主人叫"黑老七",女主人叫"黑白氏",儿子乳名叫"银锁",时年六岁,长得天庭饱满,地阁方圆,浓眉大眼,聪明伶俐,乖巧懂事,读书写字,一教就会,夫妇俩视为掌上明珠。但银锁有一个毛病,就是一到夜里子时就头疼,疼得他满炕上打滚,夫妻俩多方求医吃药都无济于事,急得小两口团团转,那真是"叫天天不应,喊地地不灵"。

有一年农历八月二十五日的上午,一个五十多岁的老头儿走进村庄,只见他中等个头,瘦瘦的,长方脸,高颧骨,三角眼,小鼻子,大嘴岔,尖下巴颏,手里举着一个牌幌,上写"江半仙"三个大字,旁边写着"算卦相面,有求必应"两行小字——你道他是何许人也?他乃是南方一个"憋宝"之人,自称"江南老叟"。他听说北京顺天府辖区内有一个广阳城遗址,地下宝贝无数,连鸡犬豕、马牛羊、土坷垃都是金的,可就是停留时间不长,一个时辰左右就消失。为了得到宝贝,他转了两个多月,也没有找到广阳城遗址的准确位置,但他不死心,继续寻找打听,今天前半晌,他离开席庄村就信步走进四狗掌村来。刚走到大街中间那棵大槐树下就围上来许多村民,因为收秋种麦早已完成，地里的农活不多了，不少村民在街上聊天，看见来了算卦的，就立刻围了过去，问这问那，他对答如流。黑老七也闻讯跑来，看看那人的牌幌，自言自语："有求必应？我求求他。"于是问："这位先生，您贵姓？"

憋宝人说："免贵，鄙人姓江，名南，字老叟。"

黑老七点点头说："噢！江南老叟，好名字好名字！请问，您会看病吗？"

憋宝人说："我主要是看风水，为人排忧解难，让他们过上好日子。要说看病嘛，我也略知一二，但得看见病人才能决定能不能看。"

黑老七说："实话跟您说，我叫黑老七，我儿子银锁今年六岁，一到夜里脑袋就疼，您能看吗？如果看好了，要多少银子都行。"

憋宝人听后一愣，问道："孩子脑袋疼？"

黑老七说："是。"

憋宝人问："白天疼吗？"

黑老七说："不疼。"

憋宝人说："我看看孩子去吧。"

黑老七说："行！您会看不会看，晌午饭都在我们家吃。"

憋宝人一拱手说："打扰打扰！"

黑老七伸手示意说："您请！"

憋宝人来到黑家以后，烟不抽，水不喝，立刻端详孩子银锁，顿时心里有了数，吃晌午饭当中又问清了广阳城遗址的准确位置，高兴地问："老七兄弟，您想发财吗？"

黑老七说："想发是想发，当务之急得把我儿子的病治好，治不好我儿子的病，发多大的财我也没有心情。"

憋宝人点点头说："理解理解，不过……"

黑白氏急忙问："不过什么？"

憋宝人说："不过，你们得依我一件事。"

黑老七说："您只要把我儿子的病治好，什么事都行。"

憋宝人说："好！"又问，"家里有皇历吗？"

黑白氏急忙回答："有有有！"转身从抽屉中取出一本很旧的皇历递给江南

老叟，他翻开书页看了一会儿说："孩子的脑袋里有一块东西，根源在一棵大树下，必须到那里根除。"

黑老七问："什么树哇？"

憨宝人说："隐隐约约，我得见到那棵树才能知道。"心里说，"什么树哇？我是编出来的，因为孩子脑袋疼是财宝作怪，我上秦陵憨宝时就是一个五岁男孩子帮的忙，我这样说，目的是让银锁跟我去叫广阳城的门，以便拉金牛。"于是说，"老七兄弟，今天是农历八月二十五日，从今天夜里亥时开始，我带着银锁出去，丑时回家来，一连三七二十一天不能间断，保证他的脑袋就不疼了，还能发一笔大财，你们意下如何？"

黑老七很为难地说："这……"看着妻子，似乎在征求她的意见。

黑白氏说："行是行，就怕我们银锁胆小。"

银锁抢着说："爸爸，妈妈，我愿意跟爷爷出去，可别叫我的脑袋疼了！"

夫妇俩一时不知说什么好。

憨宝人立刻明白是怎么回事，便欲擒故纵地说："如果你们拿我当坏人，担心把孩子拐走，那就算了。"

黑老七连忙说："不不不！请问江南先生，我们能跟着吗？"

憨宝人摇摇头说："不行。你们要是跟着就治不好孩子的病了。"

黑白氏说："我们听先生的。"

黑老七连忙说："我们相信先生。"转对银锁说，"银锁，你可得听话呀！"

银锁说："我听爷爷的。"

憨宝人说："好！就这么定了。等我治好了银锁的脑袋疼还能发一笔财，以后你们的日子会越过越好，放心吧！"

黑老七忙说："放心放心，我们一定听先生的话。"

您道憨宝人把银锁带到哪儿去？他们从亥时出发，直奔广阳城遗址，在那棵两人搂粗的大青杨树下面向广阳城遗址的方向站着，憨宝人教好了银锁要喊的话。子时一到，银锁便高声地喊道："广阳城，开门！广阳城，开门……"每天子时一到就开始喊，直喊到丑时来临就回黑家睡。就这样，来来往往地喊了二十天整。次日是第二十一天，正好是农历十月十五日，憨宝人对黑老七说：

"老七兄弟，今天进亥时之后我们及时出发，你们两口子每人拿着一条布口袋跟着我们俩去广阳城里装财宝。"

黑老七忙问："什么？广阳城？哪来的广阳城呀？它在金朝末年就天塌地陷了！"

憨宝人说："我和银锁让广阳城重现。"

黑白氏问："真能重现？"

憨宝人说："实话告诉你们，我并不是算卦的，是来广阳城憨宝的，银锁就是开城门的钥匙。"

黑老七夫妇同时"噢"了一声，不再言语。

憨宝人说："记住，等广阳城出现，看见城门大开，你们就赶快跑进去装财宝，装满了两条布口袋就赶快往城门外跑，千万不能多装。"

黑白氏不言语，心里说："要真有财宝就得多装点儿！"问憨宝人，"您干什么？"

憨宝人说："我想牵出一头金牛来，与你们平分。"

黑老七问："好！为什么非得往外跑哇？"

憨宝人说："过了子时广阳城就消失，跑不出来就埋在地下了。"

黑老七说："明白了。"

四个人又东拉西扯地侃了一天山，高兴地吃完了晚饭，准备好布口袋，专等亥时的到来。

亥时一到，他们立刻起身，来到那棵大青杨树下，四个人八只眼睛注视着广阳城遗址方向，憨宝人抬头看看北斗星说："子时到了，银锁赶快喊话！"银锁不敢怠慢，高声喊道："广阳城，开门！广阳城，开门！"

银锁喊完第二句，面前立刻出现了一个大城堡，两扇大门"哗啦"一下子敞开了——原来，银锁的脑袋真是开广阳城城门的钥匙。四个人快步跑进大门一看，啊！六街三市，人山人海；亭台楼阁，金碧辉煌；金银财宝，遍地皆是；猪市、狗市、鸟市、牲口市有买有卖。黑老七看见路旁有一大堆金元宝，闪闪发光，连忙一拉妻子说："赶快装金元宝！"黑白氏立刻抖出三条布口袋，一人撑着一人装，银锁也帮着往布口袋里扔，他们装完满满的两条布口袋，黑老七又把另一条布口袋拿起来撑开说:"快,再把这条口袋装满了,让银锁背着。"黑白氏说声"好!"又立刻装了起来。银锁说:"爸爸妈妈,老爷爷说了,不叫装这么多。"黑老七说:"听他的干吗?装!"这时,只见憋宝人左手提着一只小猪崽儿,右手牵着一头小黄牛跑过来,不由分说,用右手一抄银锁,迅速地跑出广阳城的大门,黑老七夫妇根本没有看见憋宝人抱走银锁,继续装金元宝……

却说憋宝人抱着小猪崽儿、牵着小黄牛,和银锁刚刚跑到大青杨树底下,忽然"哏哏儿"的一声鸡叫,就听"轰隆"一声巨响,再一看,哪还有广阳城,早就夷为平地了。

王三小奇遇记

话说明朝万历二十七年至二十九年（公元1599年至1601年），大兴、宛平两县连续三年大旱，老百姓纷纷向关外逃荒。就在万历二十九年（公元1601年）七月的一天清晨，宛平县纪百户庄（今称"大庄"）村一个只有九岁的穷孩子王三小，蓬头垢面，破衣赤足，挎着柳条篮子，拿着打狗棍，随着拖儿带女逃荒的人流奔波，不知道要死在什么地方。他原来有父母，哥三个，老大叫王大小，老二叫王二小，他叫王三小，父母与两个哥哥都被冻饿而死。当他随着逃荒的人流走到大兴县地界还没有过大龙河的时候，就突然被一个牵着黄色瘦马、身穿褪了色的蓝布衣服的中年人拉住。那人说："小家伙，你不要去逃荒了，马上跟我走，管你吃、管你喝、管你住。"他不管王三小同意不同意，立刻扬鞭驱马，拉着他就走。一些逃荒的人回头呆望，有位白胡子老头儿擦着眼泪说："王三小，活不了啦！"

您道强行拉走王三小的人是谁呀？他乃是明朝当时设在大兴县的一处兵营中的一个守营官。由于连年天旱，寸草不生，买不到青草，他的坐骑黄骠马瘦骨嶙峋，急得他团团转。今天他牵马寻草，无功而返，正巧看见了王三小，经过一番观察，认为他好训教，比抓个中年人省事，所以就拉住了他。

却说王三小被守营官拉进营盘，不给吃，不给喝，守营官反而掏出匕首一指："你叫什么？哪村的？实话实说，撒谎就宰了你！"

王三小如实回答，守营官听后，认为不是假话，就让仆从给他拿来两个馒头、一碗白开水。待王三小吃饱喝足后，他对王三小说："王三小，你听好了，从今天开始，每天给我的黄骠马割一筐青草，如果割不来，你就甭想吃饭，饿死你为止。"

王三小问："现在连树叶都早掉了，您让我到哪儿割青草去？"

守营官说："到哪儿割去我不管，但必须割回来，每天一筐，只能多割，不能少割，记住没有？"

王三小说："记住了。"他向那人要背筐和镰刀，守营官让他自己解决。王三小很无奈，心里骂，嘴上不敢反抗，只好服从。到哪里去找背筐和镰刀去？想来想去，忽然想起家里有个破背筐头子和一把割草的镰刀，于是说："我回家去拿背筐和镰刀行吗？"

守营官说："行是行，你可不能跑，就是跑了我还会把你抓回来。"

王三小在这里吃了顿饱饭，身上有了劲头儿，走出兵营。王三小的村子距兵营只有几里地远，很快就到家了，回到大庄家里，拿起镰刀，背起草筐走出家门……这个兵营就是现在的前大营和后大营所在地。明代建有兵营，明末清初以大龙河为界析为二村，居河南的故名前大营，居河北的故名后大营。

却说王三小拿着镰刀，背着背筐去割草，走着走着站住了，他心里说："我上哪儿割青草去？割不到青草可就没命了。"想着想着流出了伤心的眼泪。他看看骄阳似火的太阳，看看旷野的荒凉，拧着眉头往前走，坟地、沟渠、树行子都找遍了也没有看见一棵青草。他又哭了，走上河堤，顺着大龙河堤岸找青草，看看河里无水，黄土干得冒烟，根本就没有青草。他离开大龙河堤，越过狼狗庄，一步步地向正南方走去，为了保命，他决心找到青草。他一边走一边找，太阳都下山了，连一片绿叶也没有看见，累得他又渴又饿，汗流浃背，气喘吁吁，走到满天星斗的时候实在走不动了。他无力地坐在地上哭起来，哭着哭着就睡着了。他梦见那个守营官把他绑在一棵柳树上，举着一把锃光瓦亮的宝剑说："我让你给黄骠马割青草你不割，吃饱喝足去逛大龙河，现在又偷着睡觉，我马上宰了你，扔到乱葬岗上喂野狗！"说着就将宝剑刺进他的胸膛……他立刻惊醒，睁眼一看，自己并没有被杀，正坐在一片绿地上，抬头一看，四周灯火辉煌，房舍鳞次栉比，街道宽敞平坦，行人来来往往，看得眼花缭乱。他自言自语："这是什么地方呀？"他正在纳闷，这时走来一位白胡子老头说："王三小，我告诉你，这里是广阳城中的百草园，你有青草割了。"说着抬胳膊一指，"你看看，牌楼上不是写得清清楚楚吗？"

王三小抬头看看，立刻跪在地上磕三个头问："老爷爷，您真能让我割这里的青草吗？"

白胡子老头说："能，我就是前来告诉你割这里的青草的，好把主人的黄骠马喂肥，你也有饱饭吃，快起来吧！"白胡子老头把他搀起来又一指说："你看看这百草园，有许多种黄骠马爱吃的青草，你一定要记住，现在是夏季，每天夜里看见北斗七星出来就到这里割青草，千万别错过时间，错过这个时间可就割不到了。"

王三小高兴地答应："哎！我一定记住老爷爷的话！"

北斗七星在不同的季节和夜晚不同的时间出现于天空不同的方位，我国古人就根据初昏时北斗七星斗柄所指的方向来判明季节。

却说王三小磕头谢恩后一看，白胡子老头不见了，他怀着遗憾和感恩的心情走进百草园，只见有甘草、稗草、大蓟草、小蓟草、节节草、夏枯草、三叶草、车前草、虎耳草、鸭跖草、马鞭草、谷精草、灯芯草、石竹草、酢浆草、金鱼草、指甲草、彩叶草、断肠草、鹅不食草、蒲公英草、马兰花草……他又仔细看，开花的草，姹紫嫣红；秀穗的草，精神抖擞；不开花不秀穗的草，摇头晃脑。每种草都是鲜艳水灵，肥嫩柔脆，满园春色，花红柳绿，无边无沿，美不胜收哇！王三小不敢再多欣赏，看看出现的北斗七星，急忙挥镰割草，有的连根拔，草根上带出一嘟噜一嘟噜的小石头也顾不得往下甩，不一会儿就割了满满的一大筐，背起来就走。可是，他还没有走几步，就听见身后"轰隆"一声，回头一看，百草园和房屋行人都没有了，他惊慌失措地自言自语："哎呀！明天夜里还有百草园吗？"立刻传来白胡子老头的声音："有有有！赶快喂黄骠马去吧！"

王三小看看四周忙喊："老爷爷！您在哪儿呢？"

白胡子老头的声音："我在回家的路上，你赶快走吧，听话！"

王三小答应一声"哎"，急急忙忙赶到兵营，把一筐青草都倒给黄骠马之后就躺在地上睡着了，还打起了呼噜。

却说守营官一天一宿也没有看见王三小回来，认为他逃跑了，后悔没有派人跟着他，只好再想办法抓别人替他寻找青草。吃完早饭，他来到马棚，想牵着黄骠马去路上抓人，抬头一看，见黄骠马悠闲地吃着肥嫩的青草，非常高兴，心里说："我错怪了王三小。"忽然听见打呼噜声，低头一看，原来是王三小躺在地上睡觉呢，怜悯之心油然而生，立刻把他叫醒，好言相对，又让厨子做了好吃的饭食给他，从此天天放心地让他去割青草。

王三小一日三餐，吃完饭就睡觉，夜间去广阳城百草园割青草，风雨无阻，回来就喂黄骠马，从而使黄骠马渐渐地肥壮起来。一个月下来，黄骠马体形硕大，四肢粗圆，蹄如象脚，鬃毛闪亮，与原来的瘦马截然不同，守营官非常高兴，给王三小的饭菜也越来越好。

却说守营官看黄骠马越来越壮，喜在心上，暗夸自己抓对了人。平时，如果朝廷无事，他就骑着黄骠马轮流去庞各庄、榆垡、礼贤、采育、青云店等衙门转，吃请索贿，中饱私囊。

六年后，王三小已经十五岁了，守营官允许他回家了。这天夜里，王三小最后一次割草，只见他走到广阳城遗址，跪在地上磕了三个头，顿时天空大亮，一片无边无沿的草地出现了，白胡子老头又出现了，只听他说："王三小，好孩子，我是天庭中的太白金星，筐里边的小石子是金子，赶快回家过日子去吧。"

王三小听后，高喊了一声"老爷爷"，立刻磕头。磕完头，他看看天空，流出了感激的眼泪，低头看看背筐，里边的小石子变成了金豆子，他高兴地背着背筐回到了纪百庄家里。第二天，他到庞各庄钱庄兑换金豆子，盖房置地，几年后娶妻生子，过上了好日子。

王三小有了钱不吝啬，经常接济穷人，仗义疏财，乐善好施，久而久之，人送美名"王善人"。

大青蛙与草兔子

传说元世祖忽必烈至元时期，大兴县东黑垡村有一个黑大个，父母体弱多病，家里穷得叮当乱响，都三十岁挂零儿了还没有娶上媳妇，终日靠打柴为生，一心想攒够了钱娶个媳妇，成家立业。这一天，他正在村北沙岗子里砍柴，忽然发现一只苍鹰扑倒一只草兔子，他急忙举着扁担把苍鹰赶跑，救下草兔子。草兔子跑了几步便停了下来，回过头抬了抬前爪后钻入草丛。还有一次，他打完柴回家，走到小龙河南岸上放下柴担，去河槽边洗手，忽然听见什么东西"吭哧吭哧"地叫唤。他仔细一搜寻，发现草丛中有一条毒蛇正在吞吃一只大青蛙，他立刻拿来扁担上前把毒蛇打死，救下大青蛙，把毒蛇抛在一棵酸枣树枝上。大青蛙流着眼泪向他点点头，然后纵身跳进河水里。

一天夜里，黑大个刚刚入睡就听见有人喊他："黑大个，黑大个，赶快起床！"他睁眼一看，窗户纸外黑咕隆咚，天还不亮呢，心里说："起就起吧，反正也睡不着了，提前砍柴去，砍好了柴火就去青云店赶早集。"于是，他立刻穿衣下炕，洗脸漱口，带上饽饽，辞别父母，将砍柴镰别在腰间，扛起扁担就出发了。走到大街上，抬头看看北斗星，还不到二更天，一拍大腿说："哎呀，我起冒五更了！"又一想，"早就早点儿吧，早去早回"。他边想边走出村口，他本想再去村北沙岗子，可是忽然发现眼前有一只大青蛙拼命地往前蹦，身后有一只草兔子跟着一跳一跳地向前追。他心说："兔子和青蛙是很友好的动物，怎么打起架来啦？"心里想，"兔子不是吃嫩草吗？怎么要吃大青蛙呀？怪事！"又一想，"我不管真假，得把草兔子轰跑，救下大青蛙。"想到此，他立刻大步追了上去……

说也奇怪，无论黑大个怎么追也追不上，再看草兔子，也抓不住大青蛙。他追呀追呀，追到一个上岗子旁边，突然眼前一亮，霞光万道，金光闪闪，早就不见了草兔子和大青蛙。他仔细一看，面前是一座城池，城门大开。他"噢"了一声，心说："它们准是追到大门里去了。"便身不由己地也追了进去。到里边抬头一看，只见城里亭台楼阁，绿树红花，买卖云集，人来人往，熙熙攘攘，非常热闹，根本没有草兔子和大青蛙的踪影。他又往前走了几步，发现路旁有一个大垃圾堆，乱七八糟，什么破东西、烂东西都有，其中有一条破布口袋，里边盛着半袋子黄豆，他一看特别心疼，自言自语说："这是谁家这么糟践粮食？多可惜呀？我拣回去，掺上糠菜够吃半年的了。"想到此，他立刻放下扁担，从垃圾堆旁边找到一节绳子丝把口袋窟窿系上，左手拿起扁担，右手提起口袋嘴儿抖了抖背在肩膀上，就在这时，他发现那只拼命逃的大青蛙和穷追不舍的草兔子围着垃圾堆转了两圈儿后，跑到路上，急急忙忙向城门外跑去。"大青蛙危险！"黑大个嘟囔了一句，立刻追了上去，大青蛙冲出城门，草兔子追出城门，当黑大个也追出城门的时候，只听"轰隆"一声巨响，他回头一看，城门和城墙全消失了，这时又传来公鸡打鸣的声音："哏哏儿！"他看看东方天空，已经出现了鱼肚白，心里说："天快亮了，赶紧砍担柴火卖完回家。"刚要迈步，忽然想起老太爷曾经说过的话："很早以前，庞各庄东北角有一个广阳城，早就天塌地陷了，六十年重现一次，城里金银珠宝无数，谁能赶上谁就能得到宝贝，发大财。"他"哦"了一声，自言自语："这没准是六十年重现一次的广阳城呀！"立刻把布口袋放在地上一看，里边的黄豆哪是黄豆啊，全是金豆子。他还想救的那只大青蛙，早已不见踪影，又看看金豆子，立刻明白了，自言自语："噢！草兔子和大青蛙准是我从苍鹰爪下和毒蛇嘴里救下来的，它们俩肯定知道广阳城今天重现，早就商量好，用这个方法报答我的救命之恩。对对对！"不由得拱手高举说："朋友，谢谢你们俩了！"

黑大个从此发了财，父母的身体也强壮起来，第二年就娶上了媳妇，生儿育女，过上了好日子。

黄牛拉宝船的故事

传说在大兴县境内的广阳城于金代天塌地陷之后，埋藏了许多金银珠宝和官窑烧制的上等瓷器。其中有一条满载金银珠宝的大船沉没在广阳城东门外辽代开挖的运粮河中，地面上露出三尺多高的桅杆，桅杆尖上还有一节挂帆的绳子。好奇的人们想把桅杆弄掉，可是，拔也拔不出，扳也扳不倒，砍也砍下，挖也挖不出，终年累月在那里裸露着，任凭风吹日晒加雨淋。老百姓都说，这个桅杆有神仙保护，是个神杆，迷信的人们还在初一、十五给它烧香上供呢，求它保佑全家人丁兴旺、幸福平安。

这个消息一传十、十传百，一直传到黄河、长江以南，那里的人们听后，有的相信，有的不相信。不久便引起一个人的注意，他是南方人，穷苦人，五十多岁，会占卜相面，有了机会也做些倒买倒卖古董的活动，以便养家糊口。他听到这个消息以后很惊奇，想看个究竟，梦想发一笔大财，便决定来大兴广阳城看一看。于是，他辞别家人，带上干粮和水壶，日夜兼程，追星赶月，数日后来到大兴地界。又经过一番打听，他直奔广阳城。当他走到距广阳城东门不太远的时候，忽然看见了那根露出地面三尺多高的桅杆，抬头看看西方天空的太阳，已经快下山了。他走上前去看了一会儿桅杆，然后跪在地上给桅杆磕了三个头，起身双手搂着桅杆祷告："神杆，可怜可怜我，献宝吧！"他一边祷告一边围着桅杆转，左转三七二十一圈，右转七七四十九圈，还想再左转，说什么也迈不开步了。他索性坐在地上看着桅杆，看着看着，桅杆突然变成了一根如同牛鞅似的大梢瓜，青蔓绿叶，随风飘动，"啪嗒啪嗒"的一起一伏，不大工夫便飞了起来，秧蔓拖着大梢瓜向东南方向飞去。他眨巴了一下眼睛再看，仍然是那根露出地面三尺多高的桅杆，只是在桅杆旁边长出一棵肥壮的牛蒡草。这时，天已过五更，他也看出了门道，胸有成竹地起身，拿起两块供品点心，边吃边向东南方向走去……

南方人边走边看，不一会儿便走到一块瓜地旁边，地里种的都是白甜瓜，但个头不大，瓜秧也不水灵，唯独在地头的豇豆秧中有一棵梢瓜秧长得壮实，结出的一个梢瓜有一个弧形弯儿，很像牛鞅，已经半尺多长了。他心里说："对！它就是运粮河中露出地面的桅杆牛鞅，我得守住它。"又一想，"我怎么能守好它呢？""对，寻找瓜地主人，要求给他扛活。"他正在琢磨着，忽然看见迎面走来一位六十多岁的老头，背着粪筐，手持粪叉子。南方人急忙迎上去，以晚辈的身份见礼问安，打听瓜地的主人是谁，得知是席庄村白秃子家的。老头说："白秃子很勤快，可是他年年种瓜，年年长不好，卖不了多少钱。后来买来一个黄牛犊子喂着，想倒腾钱，可是总也长不大、长不肥。"

南方人问："白家在哪条街上住？"

老头说："进村你看见一棵大椿树上有一个老鸹窝，那家就是。"

南方人拱手说："谢谢老人家！"

老头说："不谢不谢！"顺路走开。

南方人进村细看，发现了那棵大椿树，真有个老鸹窝，快步走去，与白秃子见面后寒暄几句便说到正题，介绍完自己的身世后说："白掌柜的，我有种白甜瓜和养牛的本领，给您当长工吧，今年一定让您的甜瓜多卖钱，让黄牛长得又肥又大。"

白秃子说："好是好，可我没有钱雇长工，您另找别家吧！"

南方人说："我不要工钱，在老家吃不饱穿不暖，给您干活，管饭就行。"

白秃子一听非常高兴，就把他留下了，翻开皇历一看，正好是元成宗铁穆耳大德元年（公元1297年）五月初一。从此，南方人每天吃完早饭就牵着黄牛上甜瓜地，把黄牛拴在树上就开始剪疯杈、打瓜尖儿，白秃子陪着看了几天，十分放心，也不跟着了。南方人知道白秃子不跟着他了，便开始牵着黄牛先到广阳城桄杆处，拔下牛蒡草喂黄牛，然后再把黄牛牵到甜瓜地，让牛粪牛尿都拉尿在甜瓜地里，还特意给那个牛鞅梢瓜多施肥，天天如此，长势越来越好。

却说那牛蒡草，拔下来之后不大一会儿又能长出来，而且越拔越旺，黄牛总也吃不完，吃得多就拉的多、尿的多。一个月后，黄牛长得又肥又壮，甜瓜又多又大，白刷刷的一片。白秃子天天摘，天天上集去卖，比哪年卖得钱都多，他从心里感谢扛活的，给的饭食越来越好。南方人也从心里满意，继续拔草喂牛，又过了九天，他掐指一算，不知不觉已经过了七七四十九天，他心想："还有三七二十一天就整七十天了，黄牛有力气了，牛鞅梢瓜也老绷了，我该行动了，准时把宝贝拉出来。"

南方人说行动就行动，白天在家里给黄牛喂草梳毛，因为甜瓜卖得差不多了，已到尾声，白秃子赚够了钱也不着急了，高兴地去邻居家打麻将牌，南方人每天吃完晚饭就牵着黄牛下地，来到桄杆前观察……

却说南方人天天晚饭后牵着黄牛出去，天亮后回来，时间一长，白秃子的老婆起疑心了，跟丈夫说："咱们扛活的天天晚饭后牵着黄牛走，傍亮才回来，你也不问问怎么回事。"

白秃子听后也纳起闷来，说："是奇怪，你说，他天天晚上牵牛出去，是不是想找买主把黄牛卖了钱逃跑呀？"

白秃子的老婆说："人心隔肚皮，我看不出来，可也没准儿，总觉得反常。"

白秃子思考一会说："我有办法。"

白秃子的老婆问："不让他晚上出去？"

白秃子说："不是不是！"巴在老婆的耳朵边说起来……

这天晚饭后，白秃子佯言去打牌，待南方人牵着黄牛走了之后，他立刻也跟着下了地，想看个究竟，南方人牵着黄牛在前边走，白秃子在后边远远地跟着。生怕南方人发现，他有时还躲躲藏藏……

只见南方人来到甜瓜地旁边的豇豆秧中，将牛鞅似的大梢瓜摘下来扣在黄牛的脖子上，然后又把梢瓜秧放在黄牛的背上，牵着就往前走，直奔广阳城的方向而去。白秃子在后边悄悄地跟着，跟到广阳城东门外沉船的地方，他抬头看看天空，心里说："快到子夜了，我看他要干什么？"他隐蔽在不远的一棵大榆树后边偷看，只见南方人将梢瓜秧从黄牛背上拉下来，拴在那根露出地面的桅杆上，回头又稳一稳牛鞅，然后左手握着黄牛缰绳，右手一拍黄牛的脖子，吆喝一声"驾！"黄牛便使劲拉桅杆，一下，两下，三下……一个时辰过去，累得黄牛通身是汗，可是没有停止，继续伸着脖子蹬着腿往前拉，又有半个时辰……

大榆树后边的白秃子借着星光一看，桅杆带着船身破土而出，一排排糟坏的箱子里露出金牛、金马、金元宝和珍珠玛瑙，亮亮晶晶，金光闪闪。他又惊又喜，心里说："噢！扛活的是来广阳城憨宝的，我说他干吗只要求吃饭不要工钱呢，闹半天是想发大财呀？我也借他的光儿了！"想到此，立刻大喊："伙计，哄牛快拉，别松劲儿！"喊完，又高兴地跑过去，抓住牛笼头往前拉，帮助黄牛使劲，说时迟那时快，只听"咔嚓"一声，刚刚拉出地面的宝船又沉到地下去了，地面上仍然露着三尺多高的桅杆。再看黄牛脖子上牛鞅似的大梢瓜，已经断成四节掉在了地上，当套股用的梢瓜秧烂成一堆泥，从牛背上往下滴答汤儿……

南方人懊丧地说："您真是的，我喂了七七四十九天的黄牛，拉了三七二十一天桅杆，眼看整船的珠宝到手了。"一指桅杆说："看看，您一帮倒忙又丢了！"

白秃子一听，后悔莫及，坐在地上大哭起来。

南方人气愤地说："成事不足败事有余！"甩掉手里的梢瓜秧，头也不回地走了，再也没有回来。

自此，一直到桅杆消失，也没有听说有人把宝船拉出来。

时来运转的小乞丐

夏天的一天中午,从南方来了一个憨宝之人,看上去有五十多岁,中等个头,国字脸,不胖不瘦,鹤发童颜,二目有神,肩搭一个捎马子,边走边观察,见人就打听广阳城在什么地方。当他找到广阳城遗址以后,一连转了三天三宿也没有看出门道,急得他吃不香,睡不好。有一天上午,万里无云,骄阳似火,他走到狼虎庄村南一块西瓜地旁边的时候,正看见一位中年瓜把式用铁锨拍打一个十四五岁、骨瘦如柴、蓬头垢面的小乞丐,一边打一边骂:"叫你馋!叫你馋!"小乞丐哭着求饶:"爷爷别打了,我下次不敢了!"

憨宝人路见不平,急忙上前拦住问道:"您为什么打孩子呀?还用铁锨,小心打出人命来!"

瓜把式反问道:"他是你的孩子吗?"

憨宝人连连摆手说:"不是不是。"

瓜把式继续打继续骂:"叫你馋!"

憨宝人急忙拉住说:"别打了!别打了!"

瓜把式说:"不是你的孩子就别管!"继续打骂……

憨宝人说:"我看这孩子怪可怜的,您别打他了。"

瓜把式说:"他可怜?我比他还可怜呢!"一挥手,"你离远点儿!"

憨宝人问:"他惹您生气了?"

瓜把式说："比生气还厉害呢！"用铁锨一指道，"他偷我的西瓜吃，不给他点儿厉害看看就不知道马王爷三只眼！"

憨宝人说："一个小孩子，又是要饭的，让他吃个水饱得了！不至于动这么大的肝火呀？"

瓜把式说："什么？不至于？你说得倒轻巧！主人的西瓜都有数，价钱又贵，少了西瓜，主人怪罪下来，我一个瓜把式赔得起吗？要是把我辞了，一家老小就得饿肚皮！怎么生活呀？"

憨宝人一听，认为有道理，就不再埋怨，于是说："我也是出来找饭吃的，咱们都是受苦人，寄人篱下，日子难熬，您委屈委屈，给我个面子，把孩子放了吧？"

瓜把式想了想，长叹一声说："唉！我是寄人篱下呀，养家糊口，太苦了！"说完，踢了小乞丐一脚道，"滚吧！"

小乞丐得救，先给瓜把式磕了三个头，转过身来又给憨宝人磕了三个头，然后拿起带豁口的讨饭碗和一根弯弯曲曲的打狗棍，一步一晃地离开西瓜地，还不住地回头看，生怕瓜把式追上来再打他一顿。

憨宝人看了一眼小乞丐走去的背影，似乎发现了什么，忙向瓜把式一抱拳，说了声"多谢"，慌忙去追小乞丐。

憨宝人追上小乞丐，要过打狗棍看了一会儿，注意到棍尖儿上有一个箭头形状的东西，想用手摸摸，可是刚抬起胳膊来又放下了，心里说："这打狗棍是神棍，对我可能有用，我不能亵渎它！"于是他问起了小乞丐的身世。

原来，小乞丐是燕京宛平县辛力屯人，姐姐被恶霸地主苟步礼抢去作妾，因不从被活活打死，扔在了乱葬岗。爹娘闻讯，一口痰没有上来，双双气绝身亡。堂二叔霸占了家产，将他轰出家门，他沦为乞丐至今。

憨宝人听后非常同情，不但恨那个恶霸地主苟步礼，更恨那个六亲不认、没有人性的堂二叔。他颠着打狗棍说："孩子，现在这个世道，没良心的人太多，我有一个发财的机会，咱们俩合作，也让你发财，成功后不再到处去要饭，你看怎么样？"

小乞丐说："我当然愿意跟您合作，可是我都两手空空，除了这根打狗棍什么也没有，连顿饭都管不起您，怎么去发财呀？我偷了一个西瓜吃就被打得半死，我可不敢再偷人家的东西了。"

憨宝人听后一笑道："你真是'一朝被蛇咬，十年怕井绳'，我不是让你去做贼，是碰碰运气。"

小乞丐问："怎么碰运气呀？往石头上碰？还是往大柳树上碰？"

憨宝人一笑，将打狗棍递给小乞丐后，抬胳膊向北边天空一指说："等太阳下山以后，你带好讨饭碗和打狗棍，到那棵大青杨树下等着我，我不来你别走，咱们不见不散，今天夜里咱们俩就碰碰发财的运气，到时候看能不能如愿，千万记住。"

小乞丐说："记住了，您不来我不走。"又问，"您上哪儿去？"

憨宝人说："天机不可泄露，等着我吧！"

小乞丐点点头，立刻与憨宝人分道而去……

小乞丐惦记着发财，对憨宝人的话深信不疑，因为吃了一个西瓜，肚子还不太饿，就坐在一片柳树林子里盼望着太阳赶快下山，当西山尖儿上还映现着晚霞的时候，他就急忙往大青杨树下赶，盼望着那个人不会骗他……

却说憨宝人与小乞丐分别后，先到小龙河里洗了个澡，然后又到棺材铺买了一大子儿高香，到饭铺买了烧饼加牛肉，他想："为了得到宝贝得敬神，必须'沐浴洁身''烧香表诚'，还得让小乞丐吃饱。"当他赶到大青杨树下的时候已是初更，小乞丐正在"呼呼"睡大觉。他急忙把小乞丐叫醒，让他吃完烧饼加牛肉，点燃高香，稳在地上，拿起打狗棍对小乞丐说："记住，你这个打狗棍是开广阳城城门的金钥匙，如果城门上出现大锁，甭管是铁还是铜，你就赶快用打狗棍尖上这个箭头地方往锁眼儿里捅，把锁捅掉，城门就敞开了，咱们俩就跑进去装宝贝。明白吗？"

小乞丐点点头说："明白明白，到时候一定按照您说的去做。"

憨宝人满意地说："好！"一拉小乞丐，二人立刻面向广阳城遗址的方向跪在地上，虔诚地磕了三个头，等待着开门的时刻。

当那大子儿高香将要燃完的时候，突然一道亮光划空而过，憨宝人抬头看看北斗星，知道已到子时，忙说："快了，准备好！"他的话音刚落，二人面前就矗立起一座大城堡,宽大的铁城门紧闭,门扇上排列着数行馒头似的大门钉,正中间挂着一把柳斗似的大铜锁,闪闪发光,憨宝人忙喊:"孩子,赶快开锁!"

小乞丐不敢怠慢,急忙站起来,左手拿起讨饭碗,右手抓牢打狗棍,跑到城门前,迅速地将打狗棍尖上的箭头弯棍儿捅进锁眼儿。只听"咔嚓"一声,锁掉了,门开了,他二人往里一看,啊!亭台楼阁,金碧辉煌;大街小巷,人来人往;遍地是财宝,到处是粮食。憨宝人说:"孩子,咱们赶快进城装财宝!听公鸡一打鸣儿就往城外跑,不能贪多,千万记住!"

小乞丐答应一声"记住了",二人同时冲进城门。他们俩直奔元宝山跑去。不料,小乞丐刚刚跑到黄豆堆旁边就摔倒了,憨宝人左拉右拽,就是起不来,急得他满头大汗,最后发现,小乞丐的双脚陷进一个地窟窿里,不大不小,进得去出不来。憨宝人急忙用打狗棍围着窟窿边沿戳打,一点儿一点儿地把周围的硬土戳松,一直戳了有一个来时辰,好不容易才把小乞丐搡起来,急忙去装金元宝,可是刚走两步就传来了公鸡打鸣儿的声音"哏哏儿!"憨宝人大惊,说声"不好",连忙拉住小乞丐说:"鸡叫了,别去装金元宝了,咱们装点儿黄豆赶快出城!"说完,他从肩膀上扯下捎马子往黄豆堆上一摁,"哗啦哗啦"地把两个兜子全装满,背在肩膀上对小乞丐说:"赶快装黄豆呀!"

小乞丐为难地说:"我没有口袋。"

憨宝人说:"用讨饭碗装!"

小乞丐没多思考,急忙用讨饭碗往黄豆堆上一舀,端在手里,追着憨宝人跑出城门,不敢停步。二人还没有跑到那棵大青杨树下的时候,就听身后"轰隆"一声巨响,回头一看,大城堡不见了,又跟他们来时一模一样了。这时,东方天空已经出现了鱼肚白,二人同时抓起黄豆看看,根本不是粮食,而是金光闪闪的金豆子。

憨宝人长长地出了一口气说:"咱们总算没白来,各奔前程吧!"说完,留下地址,告别小乞丐,回南方老家去了。

小乞丐目送憨宝人,感谢他救了自己又让自己发财,他还想找到那根打狗棍,一直找到响午也没有找到,只好带着那碗金豆子寻住处。小家伙很机灵,想想自己举目无亲，又是个要饭的，不敢露富，边讨饭边找买主儿，一个一个地出售金豆子……

小乞丐十八岁那年回到村里，在热心人的帮助下开始置地、盖房，二十岁那年娶上了媳妇，第二年得了儿子，过上了幸福的生活。

十八套逸闻

在原大兴县狼各庄村西南、大庄村和天宫院村以东有一片大沙岗子，大沙岗子无边无沿，而且一个比一个高，个个相连，凹凸不平，白刷刷的一大片，从低处往高处数，数到最高处，正好是十八个大沙疙瘩，远看犹如梯田起伏，一层接一层，环环相套，久而久之，人们就给这一大片沙岗子起名叫作"十八套"了。这片大沙岗子是怎么形成的呢？传说是广阳城天塌地陷的时候，将城外小龙河中的十八艘运粮船砸在河底，三百年后风化为颗粒状的沙子拱出地面，层层叠叠，高高低低，渐渐地成为人们看到的奇特景观。大沙丘出现后，祸事不断，土匪经常出没，杀人害命时有发生，野生动物栖居活跃，特别是黄鼬（俗称黄鼠狼），有时蹿入村庄人家抓鸡吃，逼迫人们加强防备。周围村庄里有的人家小孩子爱淘气，不听话，爹妈就吓唬他说："你再不听话就把你扔到'十八套'里边去！"后来又出现了一个奇怪的现象，每过一段时间就有一头大母猪带着十七头小猪崽儿在沙岗子上来来往往地找食吃，村中的公鸡一打鸣儿就消失得无影无踪——这是做小买卖和赶集上店的人们起冒了五更误入大沙岗子后传出来的消息。

这件奇事一传十、十传百，一下子传到了江浙一带，立刻引起了一个憋宝人的兴趣，他有六十岁左右，是个白胡子老头，会相面算卦，他听到这个消息之后认为，那准是一群金猪，是广阳城地下财宝的再现，梦想把它们全部

"憋"走，帮助儿女们发家致富。于是，他整理行装，携带干粮，披星戴月地来到大兴县地界，寻找到"十八套"所在地之后，便住在天狗院村外的"祥顺客栈"。他白天串客房跟店友们聊天，搜集广阳城的奇闻逸事，晚饭后休息，睡到深夜亥时起床出游，一连两个多月，天天如此，终于看出了门道。这天上午，他找到店掌柜说："掌柜的，我求您个事好吧？"

掌柜的高兴答应："客官尽管说，只要我能办到，什么事都行。"

憋宝人说："请您给我买五寸宽、六尺长的八十一块木板，雇人运到沙岗子第九套旁边，价钱贵一点儿没关系。"

掌柜的说："这个好办，明天就能给您买齐送到。可是……"

憋宝人打断掌柜的话说："您放心，我不让您白忙活。"

掌柜的连忙摆手说："不是这个意思，我是想问问客官，干吗要这个规格的木板呀？宽一点儿窄一点儿、长一点儿短一点儿、多一点儿少一点儿不行吗？"

憋宝人说："不行，就得按照我说的规格买。"

掌柜的问："您干什么用哇？"

憋宝人说："您最好别打听。"心里说，"我要在第九套下边夹猪圈逮金猪，能告诉你？"一笑说，"您就照办吧，要多少银子都行。"

掌柜的说："瞧您说的，我还能讹您？"

憋宝人说："不会不会！"

掌柜的问："那木板规格……"

憋宝人说："绝对不能变！"

掌柜的说："明白明白，反正您有您的打算！"

憋宝人说："您说得是。"心里说，"我能告诉你？五寸是'捂'住的意思；六尺是'留'住的意思；八十一是'发财期'的意思，我要把那帮金猪全部弄到手。"停了一会儿又说："当然，等我发了财以后也有您的份，放心吧！"

掌柜的说："放心放心，我就愿意交您这样的朋友！沾光！沾光！"

掌柜的说到做到，第二天不到巳时就把木板运到了地点，回报了憋宝人。憋宝人非常高兴，吃完午饭就上了"十八套"，开始在第九套旁边夹起猪圈来。

说是"夹"并不确切，实际上是"插"，因为满地是沙子，不需要用铁锹挖坑，拿起木板一插就能稳住。说夹猪圈，也不是一下子就夹完，而是一天只夹一块木板——这是他琢磨出来的憋宝方法。

却说憋宝人选好了位置，量好了尺寸，插稳一块木板后就坐在沙包上向四周观察，似乎要解开什么秘密。就这样，他每天插一块，天天如此，一天也没有间断，当他插到第八十一天中午的时候，一个四四方方的猪圈就夹好了，坐北朝南，只留一个圈门。他回到客栈对掌柜的说："掌柜的，还得麻烦您帮个忙。"

掌柜的说："看您说的，您的事就是我的事，不要客气！"

憋宝人说："不客气！不客气！掌柜的，请您安排厨子给我煮一斗黑豆，放上食盐、花椒、大料、姜粉、茴香五种作料，闻着越香越好，银子照付，就是别误了我今天晚饭后用。"

掌柜高兴地答应："没问题。"又问："煮那么多五香黑豆干什么用？"

憋宝人说："天机不可泄露……"

掌柜高兴地说："好好好！您就请好儿吧！"

夕阳西下，月黑风高；飞沙满地，万籁俱寂。还不到亥时，憋宝人就背着五香黑豆上了"十八套"，来到第九套旁边，坐在猪圈前等待着子时的到来。

这时，掌柜的也尾随而至，他要看看憋宝人想发什么财，偷偷地隐蔽在沙疙瘩后边偷看。他发现了那个四四方方的木板屋子，立刻恍然大悟，心里说："我明白了，他用木板夹了个圈，不是猪圈就是羊圈。"手搭凉棚仔细观看，心里说，"这'十八套'里是不是有金羊或是金猪哇？不管是什么，他说有我的份，要真逮着金猪金羊就跟他平分，少一只我都不干！"

却说憋宝人看看怀表后又看看天空，然后提起盛着五香黑豆的水桶走到圈门前，从水桶里抓出五香黑豆撒在地上，然后往沙包上走，他一边走一边撒，大约撒了两丈多远返回来，立刻趴在圈门旁边的地上，抬起头看着前方……

子时一到，在憋宝人的前方掀起了满天沙尘，掌柜的看看天空，揉了揉眼睛自言自语："没有刮风，哪儿来的沙尘呀？"继续仔细地看着，只见沙尘中隐隐约约地走来一群黑乎乎的东西。憋宝人立刻坐起来，嘴里不住"嘟嘟嘟"地叫。叫着叫着，从沙丘深处走来一头大母猪，身后跟着一帮小猪崽儿，哼哼唧唧地边吃五香黑豆边往前拱，越拱离圈门越近……

掌柜的想往前去看个仔细，但他不敢站着走，唯恐憨宝人发现，所以就往前爬，忽然听见憨宝人"乐乐乐"地叫，心里说："噢！是金猪没错儿了！"又往前爬了一段就开始数："一、二、三……好！连大带小正好十八头！"他高兴得不得了，自言自语："我要发财了，如果他不跟我平分，我就在饭里下药毒死他，一头也不让他得到。对！就是这个主意！"他又向前爬了爬，看见憨宝人一边抛撒五香黑豆，一边"嘞嘞嘞"地叫，一边往猪圈里退，那大小十八头金猪一边"哼哼"着一边追吃五香黑豆，只见大母猪刚刚走进圈门半个身子，掌柜的一跃而起，跑到那帮小金猪后边伸直双臂上下抖动着喊："嘞嘞嘞，快进去！嘞嘞嘞，快进去……"

掌柜的一喊，大母猪"嗷"的一声，转身时撞倒一块圈门旁的木板，带着那十七头小金猪消失在沙圪瘩深处，不见了踪影。

喇阿宝巧得聚宝盆

话说清嘉庆二十四年（公元1819年）七月初一，大雨滂沱，电闪雷鸣，永定河北二工决口，冲开堤防三百多丈，洪水下注，犹如脱缰的野马，波涛汹涌，咆哮翻滚，奔泻向前，水达三四尺深。李家营、西红门、高米店、黄村、海子角、狼各庄等村庄被冲，摧毁房屋无数，人畜尸体时有漂浮，惨不忍睹。

却说高米店村喇广富夫妇和他们的父母、两个儿子、一个闺女，一家七口也被洪水冲走，三间北房和两间东房全被冲毁。大水过后，喇广富搀着七十多岁的母亲回到家里，看看房倒屋塌的惨状，坐在被大水冲塌的碾盘子上大哭起来。母子俩正哭着，又听到了坏消息，街坊兄弟王凯跑来说："广富哥，我在狼各庄村南边的树行子里看见了喇大叔、喇嫂子、喇阿全和喇阿英的尸体，赶快请人收尸办后事吧。"母子俩听后，哭得更厉害了，王凯好不容易才把他们娘俩劝好。喇广富又问王凯看没看见阿宝的尸体，王凯说没有看见。

喇广富强忍着悲痛，在废墟中刨出了盛钱罐，倒出来，数了数，算了算，说什么也买不起四口棺材，便决定买四领苇席，裹好尸体下葬，让亲人入土为安。当乡亲们正在帮助办后事的时候，喇阿宝手里拿着一个小乌盆走进家门，看看四具尸体前边的殃榜，喊了两声"爷爷！妈妈！哥哥！姐姐！"就趴在地上大哭起来……

喇阿宝是如何死里逃生的呢？原来，他与全家人被大水冲走后，在狼各庄村南边被一棵大青杨树挡住,他紧紧地抱住了树干,正在这时,看见姐姐阿英漂过来,他慌忙向前拦截。一把没有拉住,也被大水裹走,他拼命地在水中挣扎,仔细寻找救命的东西。可是,眼看就要抓住一棵大树枝了,偏偏又抓不到,水流裹着他走,越挣扎越没劲,早已筋疲力尽的他为了活命,拼命地扑通着。突然一个浪头将他打入水底,刚要往水面上蹿,正巧被一个硬邦邦的东西挡住了身体,急忙伸手一抓,感觉是一根不粗不细的木棍。他就死死地抓住木棍,立刻划水,好不容易将脑袋伸出水面又被浪头打下去。他不停地与水搏斗,虽然浪头不断地越过他的脑袋,但还是露在水面上的时间多,能喘气,吐脏水。他心里祷告着:"关老爷保佑,可别让这个木棍跑了哇!"正在祷告着,忽然漂来一个白柳条篮子。他不敢用手抓,急忙张嘴叼住篮子沿儿一看,里边有几个贴饼子。他立刻喜出望外,随着水流划到一棵被洪水冲倒的大柳树旁边,慌忙抓住树杈子,慢慢地用柳条将篮子系挂在脖子上,低头吃贴饼子。就这样,他坚持了三天三宿,大水下去以后,两只手仍然没有松开那根木棍,双脚已经陷进木棍下的泥水里,有腿肚子那么深。他一屁股坐在了地上,搂着木棍祷告:"老天爷,可别再来大水了!"他看看四周,辨别辨别方向,忽然看见了那根露出地面有三尺多高的老爷庙旗竿,顿时恍然大悟,自言自语:"噢!这个地方是广阳城遗址,城里有关帝庙,是关老爷把我救了!"又一想,"哎呀!这么大的水怎么没把老爷庙旗竿冲倒呢?""我明白了,是关老爷神通广大,龙王爷怕他!"他从脖子上摘下饽饽篮子,又看看木棍,高兴地说:"对!没错儿了,这里就是广阳城遗址!"拍拍木棍说:"你肯定是运粮船上的桅杆尖儿。听我爷爷说过,你载着一大船珍珠玛瑙和官窑瓷器沉入地下,我们曾经来刨过你,可是说什么也刨不出来。无论是春夏秋冬,还是严寒酷暑,你总是在地面上露着,不高不矮的三尺多,是广阳城天塌地陷的时候把你埋在河底下了。因为你不不甘心在河底下待着,所以拱出地面,找机会把粮船开走。"他祷告着长叹一声道:"唉!你要真的扬帆起航,远走高飞,关老爷拿什么救我呀?"又拍拍木棍说:"谢谢你!谢谢你!"抬头看看太阳说:"回家吧,我爷爷奶奶、爸爸妈妈、哥哥姐姐看不见我,可能正在着急呢。"说着就往外拔腿,可是,拔出左大腿以后,右大腿怎么也拔不出来。他就用双手刨,一把一把地将泥巴扔在坑外，刨哇刨哇，已经刨到脚下了。可是没有摸到脚丫子，反而摸到一个圆乎乎的东西。他将左大腿往外一拔，连泥带水"哗啦啦"地把那圆乎乎的东西带出地面，左脚丫子还在里边呢，喇阿宝使劲拔出脚丫子，拿起那个圆乎乎的东西看看。原来是一个小乌盆，小巧玲珑，又黑又亮。他自言自语："说碗不是碗，说罐不是罐，要它干吗呀！"顺手扔在一旁，站起身来，抖抖身上的泥土嘟囔着："赶快回家吧，看看房屋倒没倒。"刚一迈步，右脚正好踩在小乌盆上，还硌了一下子，隐隐作痛。他弯腰拾起来说："我把你扔了，怎么又跑到脚下来了？"又要扔，立刻停住，"我不扔你了，把你带回家去，当菜盆使用"。于是，他把饽饽篮子挂在桄杆上说："关老爷，饽饽篮子里还有一个贴饼子，就当我的供品吧，请您老人家享受享受，等我有了钱，再给您老人家买高香和供品。"说完，就拿着小乌盆回家了。

喇广富看见儿子阿宝回来了，立刻跑来搀起他，把一切都告诉了他。乡亲们也来相劝，他忍住悲痛，把小乌盆放在碾盘子上就忙后事，在乡亲们的帮助下，与父亲发送了四位亲人。他又请人帮忙，利用没有被大水冲走的柁檩等物件盖了一间房子，祖孙三代相依为命地住了进去。喇阿宝还把小乌盆拿进屋里，放在窗台上说："奶奶，爸爸，这个东西是关老爷给我的，可别摔了。"奶奶、爸爸都说摔不了，他就放心下地收拾庄稼去了，寻挖野菜。可是好景不长，喇广富母子双双病倒了，一个上吐下泻，一个高烧不退，急得喇阿宝团团转，喊无声，哭无泪，叫天喊地都不灵。他正在为难之时，好街坊王凯送来从沙岗子上采来的草药，又帮助点火熬汤，总算止住了吐泻，降下了高烧。可是肚内无食，如瘫如痪，不能下炕活动，喇阿宝只好外出讨饭，讨来残羹剩饭，维持奶奶和爸爸的生命。有一天上午，他头插茅草，跪在庞各庄集市上卖身，要换钱给奶奶、爸爸治病和买好吃的为二位老人补身体。可是，从早晨跪到晌午也没有人问津，他泪流满面，无可奈何。刚要站起来回家，忽然有一只银簪子落在他的面前。他拾起来一看，不大不小，闪闪发光，簪顶上还有一个小小的凤头儿，抬头一看，面前站着一位如花似玉的姑娘。他一举银簪子说："姐姐，这只银簪子是您丢的吧？给您给您！"姑娘一笑说："给你吧，卖了钱，好给两位老人治病。"说完，扬长而去。喇阿宝流着眼泪举着银簪子，"这……

这"了半天，慌忙朝着姑娘走去的背影磕头，磕完头站起来，扯掉脑袋上的茅草，直奔庞各庄当铺。刚要进门，他立刻站住，心里说："人家好心好意地给我，不能马上就当，得让我奶奶、爸爸看看，别说我是偷来的钱。"想好，转身就回家了。

喇阿宝回到家里，如此这般一说，在炕上躺着的两位老人看完银簪子后，感动得热泪盈眶，都说姑娘是仙女下凡救命，伸出双手作揖不止。喇阿宝说："我明天就去当，赶快把您二老的病治好。"说完，顺手将银簪子扔进小乌盆就去点火熬稀粥了。

喇阿宝一手端着一碗稀粥走进屋里，慢慢地放在炕上说："奶奶，爸爸，粥还热，待会儿再喝。"抬头一看，放在窗台上的小乌盆里满满的一盆银簪子，跟那位姑娘给他的那只一模一样。他端过来让奶奶、爸爸看，祖孙三人都高兴得不得了。喇广富说："孩子，这是关老爷给你的'聚宝盆'，咱们家有救了！"

喇阿宝惊异地说："哎呀！幸亏我没有把它扔掉！"高高地向关帝庙方向拱手作揖说："关老爷，谢谢您了！谢谢您的救命之恩！"谢完了关老爷，他还想试试，把一盆银簪子倒在炕上，又拿起一只扔进小乌盆里，只听"哗啦"一声，又是满满的一盆银簪子。他又从碾盘凹坑里找出一个玉米粒扔进小乌盆里，又是"哗啦"一声，满满的一盆玉米粒，金黄金黄的，闪闪发光。

从此，喇阿宝发了财，首先请名医治好了奶奶、爸爸的病，紧接着置地盖房，还给爸爸续了位老伴。正当他和奶奶给爸爸办喜事的那天，忽然听到锣鼓声声，有一顶花轿随着吹吹打打的乐曲抬进大门，落轿后，好街坊王凯走到喇阿宝面前高兴地拱手说："阿宝贤弟，大喜大喜！"

喇阿宝也高兴地拱手还礼说："王凯仁兄，我奶奶爸爸康复，同喜同喜！"伸手示意，"请客厅待宴"。

王凯说："我说的不是这事。"拉着喇阿宝向大门方向一指说："快看看去，花轿里坐着的是庞各庄肖家楼肖掌柜的小女儿凤兰姑娘，她非要嫁给你不行。我是受肖掌柜夫妇之托，送亲到府上，让你们俩喜结秦晋。"

正说着，喇阿宝的奶奶、爸爸和新续的妈妈走来，听后满口答应，奶奶立刻请来喜神婆搀姑娘下轿，让喇阿宝与他爸爸同拜花堂，各归洞房。

在洞房中，喇阿宝为姑娘揭开金光闪闪的花盖头一看，正是在庞各庄集市上给他银簪子的那位姑娘。他喜出望外，恩情奔涌，立刻跪在地上磕头，感谢姑娘馈赠银簪、以身相许凰求凤，并诚表心怀，不离不弃，白头偕老。

从此，喇阿宝夫妻恩爱，尊老爱幼，爸爸和新妈妈夫妻和谐，奶奶尽享天伦之乐，全家过上好日子。

喇阿宝更没有忘记关老爷和那根救命的桅杆，每逢初一、十五就去上供烧香，直至桅杆消失。

丝瓜钥匙

传说在金代大兴县狼虎庄、天狗院、猪堡村、四狗庄、席庄之间有一座远近闻名的广阳城,于金朝末年毁于地震和洪水,夷为平地。后来就出现了一个奇怪的现象,即每过一段时间就会重现一次,鸡一叫就消失。

这个消息一传十、十传百地传到了南方一位四十多岁憨宝人的耳朵里,他决定不远千里而来,想发一笔大财。当他找到杂草丛生、砖头瓦块、凹凸不平的广阳城遗址时,正是六月初一的夜里。他站在一棵大青杨树下观察,到了子时,突然眼前一亮,金光闪闪,立刻出现了一座大城堡,高大的城墙磨砖对缝,城门紧闭,在两扇城门中间挂着一把大铜锁,有一个像弓背似的东西悬着空往大铜锁的锁眼里钻。他急忙蹿过去,想抓住那个东西,可是刚刚要抓到的时候,"轰隆"一声,城堡和城墙都没有了,面前仍然是一大片高低不平的荒草野地。他抬头看看天空,东方已经出现了鱼肚白,四周开始鸡叫。他心里说:"天快亮了,进村找点儿吃的,等下月初一想办法把大铜锁打开。"他转身就朝西走,过了一条南北走向的大道,来到一个叫猪堡的村子,敲开了路北一家的院门,开门的是一位三十岁左右的男子,于是问:"您找谁呀?"

憨宝人说:"我是从山东来大兴县纪百户村投亲的,因为亲戚家没人了才转来转去地来到您的猪堡村,又偶然敲开了贵府的大门打扰。"

主人说:"没关系!没关系!五百年前都是一家子!"

憋宝人拱手说："请仁兄给个方便。"

细问之下，憋宝人叫章玉，主人叫李全要。

却说章玉走进大门，看见院子里有一架丝瓜，青枝绿叶，结得丝瓜很多，有大有小，有弯有直。其中有一个丝瓜长得非常特殊，弯弯的像张弓，丝瓜脑袋细长而扁，有一条长须儿，犹如擀面杖连着丝瓜秧。他站下观察，忽然想起昨天夜里与开广阳城大铜锁的东西差不多。心里说："它是不是开广阳城大铜锁的钥匙呀？我看它跟夜里那个东西差不多。"

李全要看着章玉发愣，连忙问："仁兄喜欢吃丝瓜？待会儿吃饭时给您炒一盘！"

章玉摆摆手说："不是吃炒丝瓜，我是看贤弟有财发了。"

李全要问："一架破丝瓜，我有什么财可发？别开玩笑了！"

章玉说："实不相瞒，我是来广阳城憋宝的，本想独吞，看贤弟待我如亲人，是位仁人君子，所以我决定咱俩共同发财！"

李全要半信半疑地说："共同发财？好好好！"一指丝瓜架，"它能生金子？"

章玉说："您还别说，它就能生金子。"立刻巴在他的耳朵边说起来……

这时，一个十五六岁的男孩子走来说："爸爸，我妈妈让您吃饭。"

李全要说："这就吃饭。"

章玉问："他是您的儿子？"

李全要说："是是是！"然后一拉儿子说："天旭，这是你章伯父，快叫！"

李天旭立刻叫："章伯父您好！"

章玉高兴地回答："好好好！"说着从衣服口袋里掏出一块铜钱递给他说，"见面礼！"

李天旭不敢接，看着李全要……

章玉强行把铜钱放在李天旭手里说："拿着。"

李全要说："拿着吧！"然后伸手相让，"仁兄屋里请！"

吃早饭当中，经过进一步仔细交谈，李全要知道了"共同发财"的办法，将章玉待为上宾，一住就是一个月。七月初一这天吃完晚饭，章玉肩搭一条布口袋从丝瓜架上摘下那个特殊的丝瓜走出李家，李全要拿着两条布口袋刚要走，妻子拦住说："他大伯不是让你拿一条布口袋吗？"

李全要说："你听他的？拿两条我还嫌少呢，你就请好吧。"说完，立刻去追章玉，拐弯抹角地来到广阳城遗址那棵大青杨树下。章玉说："贤弟，等子时一到，我去开锁，大门敞开之后您就去，看见金元宝就赶快装赶快走，不要等我。"

李全要回答："知道。仁兄也得多装点儿！"

章玉说："时间不等人，千万别贪多，够咱们过日子的就行了。"

李全要说："知道知道！"心里说，"好不容易结了个丝瓜钥匙能发财，为什么不多装点？谁能保证明年还能结出丝瓜钥匙来？就是结出来我也认不出来，更不会用，我今天必须把两条口袋全装满！"

天越来越黑，章玉看看北斗星说："子时了，您……"话还没有说完，忽然天空一亮，一座高大的广阳城出现了，章玉急奔城门，左手握住大铜锁，右手将那个特殊的丝瓜带长须的脑袋插进大铜锁眼儿里一拧，"咔嚓"一声锁开了，丝瓜钥匙和大铜锁同时掉在地上。他推开城门一看，啊！里边亭台楼阁鳞次栉比，金碧辉煌。李全要抢先跑了进去，只见他走走停停，四处张望，忽然看见路旁有一大堆金元宝，闪闪发光。他喜出望外，弯腰就装，装完一布口袋又装另一条布口袋，累得满头大汗……

章玉跑进大门，来到李全要装金元宝的地方，二话不说，立刻就装，当他装有半口袋金元宝时就扛在肩膀上说："贤弟别装了，赶快走吧！"

李全要说："仁兄先走，我装满了就追您去。"

章玉说："您可快点儿！"说完就走，走着走着一抬头，看见一棵大柳树上挂着一个鸟笼子，里边有两个画眉鸟跳来跳去。他觉得新鲜，连忙伸手摘下来跑出大门，跑到那棵大青杨树下回头看看。李全要还没出来，他自言自语："哎呀！我的贤弟，赶快出来吧！"他的话音刚落，就听见鸡叫"哏哏儿……"又听"轰隆"一声，再看广阳城，已经无影无踪了。

章玉长叹一声，遗憾地说："唉！贤弟太贪了，否则也不会丧命！"他放下布口袋，提起鸟笼子看看，那两只画眉鸟变成了金鸟，连鸟笼子都是金的。打开布口袋嘴，立刻霞光万道，他从里边掏出一个金元宝看看，放回去自言自语："没白来！没白来！"于是背起布口袋、提着金笼鸟回到李全要家。如此这般一说，李全要的妻子痛哭在地，哭着哭着气绝身亡。

章玉帮助李天旭办完妈妈的后事，给他留下两个金元宝就高高兴兴地回南方老家去了。

后来，砍柴火与干农活的人在广阳城废墟上发现地面上露着半尺多长的布口袋，拉也拉不出，刨也刨不动，任凭风吹日晒……

章玉知恩图报，发财之后想起李天旭，不知道孩子过得怎么样。所以又专程来到猪堡村，给天旭带来一笔巨款，帮助盖好五间大瓦房，置上十亩地，娶了媳妇，成家立业后返回南方。

铁锅和金锅的故事

话说明朝大移民，多数从山西、山东迁往北京方向，择地屯垦。在一年的开春季节，山西省洪洞县王家哥四个被迫与爹妈洒泪而别，走上迁徙之路，行至大兴县南隅一片荒地上盖房定居，开荒种地，起名叫作"四哥庄"。因为老大名为王哥文、老二名为王哥武、老三名为王哥双、老四名为王哥全，意取"文武双全"之豪气，后来祖辈以"哥"字为村名，再后来谐音转称"四各庄"，至今未易。据历史所载，大凡被迁徙的人都是穷苦老百姓，王家哥四个也不例外。他们定居后，除开荒种地之外，还做一些小买卖，并分别与逃荒来的家庭结上姻亲。

却说老三王哥双成亲后的第八年，老岳母突然病倒，浑身无力，吃喝困难，脑袋上的头发也掉光了。他四处求医诊治，把所有的积蓄全部花光，还欠下两个哥哥、一个弟弟的一大笔债务。种地十年九涝，也打不了多少粮食，老岳母的病始终不能好转，而且越来越厉害，妻子和儿女饿得皮包骨。为了活命，在亲哥和老乡亲们的帮助下，他开始学做豆腐卖，一来二去还真成功了。他和妻子做出来的豆腐又白又嫩、又软又劲道，就是把豆腐切成薄片包饺子也煮不破，一时名声大振，每天都销售一空。为了多卖钱给老岳母治病，夫妻俩起五更睡半夜地做豆腐，妻子在家里卖，他挑着担子去庞各庄集市上卖，钱也逐渐赚多了。然而，要想把老岳母的病治好，还是杯水车薪，他只好拼命地做豆腐、卖豆腐。

有一年刚进腊月，庞各庄肖家大财主要娶儿媳妇，跟他订了二百斤豆腐，每天必须送两趟，供厨子炸豆腐儿泡用。他们全家都高兴得不得了，昼夜不停，歇人不歇马，做出来就送。

有一天晚上把豆腐做好，王哥双躺在炕上就睡着了，忽然听见鸡叫"咿咿儿……"他一骨碌爬起来，擦了把脸，挑起豆腐担子就走。他走出村口，抬头看看天空，星星眨巴着眼；看看旷野，黑咕隆咚。他心里说："反正天快亮了，早去早回。"他立刻顺着大路快步走去，高兴地哼起自编的顺口溜来：

　　豆腐香，豆腐白，吃到嘴里满口甜。四哥庄，有门面，王家豆腐不一般。豆腐香，豆腐白……

王哥双边唱边走，拐弯抹角走到路旁的一棵大青杨树下。他想歇一会儿，刚刚放下豆腐挑子，突然眼前一亮，一座大城堡出现在自己的面前。高大的城墙，宽阔的大门，大门两旁还卧着一对石狮子。他自言自语："这是庞各庄吗？好像大门不是这样呀？我一天没去就改样了？"想了一会儿说："我进去看看，不是庞各庄再出来。"于是，他挑起豆腐担走进城门，抬头一看，啊！亭台楼阁，金碧辉煌，宽路地平，绿树红花，六街三市，人来人往，有买有卖，非常热闹，看得他眼花缭乱。他将豆腐挑子换了一下肩膀继续往前走，忽然听见"噗"的一声。走近一看，原来是一位老头与一个小伙子正在大路边旁铸铁锅呢，累得满头大汗。那"噗"的声音是敲锅具时发出来的，地上摆了一大溜大小不一的铁锅，有带柄的，有无柄的，还有两边带耳朵的，油黑瓦亮，非常好。他刚要走过去，立刻被老头拉住说："老三，买个铁锅吧，便宜。"他一听很纳闷，放下豆腐挑子问道："老伯伯，您怎么知道我是老三呀？"

老头一笑道："你是四哥庄村的王哥双，到处请郎中给老丈母娘治病，好几年了，现在仍然不见好，还欠下好多债，谁不知道？"

小伙子伸出大拇指说："远近闻名，都夸您是大孝子！"

王哥双连忙摆手说："过奖过奖！人家把亲闺女嫁给了我，我得对得起人家。"

老头点点头说:"对!人心都是肉长的,应该知恩图报。"说着拿起一个带柄的小铁锅一举说:"你们家没有这样的小铁锅,用它给你老丈母娘煮荷包蛋吃更方便,老用大铁锅不行。"

王哥双说:"好是好,我身上没钱,等我把豆腐给肖掌柜送到家再回来买吧。"

老头说:"这样吧,我们爷俩也饿了,你给两块豆腐,我把小铁锅给你怎么样?"

王哥双一想心里说:"反正家里需要,跟他换吧。"于是说:"行。"放下豆腐担子,接过小铁锅放在地上说:"老伯伯,我给您四快豆腐。"一伸手突然又缩回去说:"我的手有泥,脏点儿,您自己拿吧,一人吃两块,不饱再吃,您爷俩吃饱了我再走。"

老头说:"就要两块,多了吃不了。"伸手拿起豆腐来后对小伙子说:"你赶快把王哥双送到肖老爷家去,回来再吃豆腐。"

小伙子答应一声"哎",弯腰拿起小铁锅递给王哥双说"快走吧!"

王哥双接过小铁锅,挑起豆腐担子说:"谢谢老伯伯!谢谢小哥哥!我认识肖老爷家,不用送。"

老头说:"不行!听说肖老爷家有两条大狼狗,非常厉害,你一个人去我们不放心。"

王哥双说:"他们家没有大狼狗。"

小伙子说:"新买来的大狼狗,赶快走吧!"

王哥双"噢"了一声。

小伙子扶着王哥双的扁担就往前走,当走到肖家大门前的时候使劲一推,王哥双便倒在地上了,就在这时,四周的鸡鸣声此起彼伏"哏哏儿……"紧跟着就是"轰隆隆"的一声巨响,王哥双睁眼一看,自己拿着小铁锅正在那棵大青杨树下坐着呢,身旁放着豆腐挑子。他心里非常纳闷,低头看看挑筐,一块豆腐也不缺,自言自语:"真怪了,老伯伯明明拿走两块豆腐,怎么一块不少哇?"他又抬头看看东方天空,已经出现了鱼肚白。他一拍大腿说:"哎呀!我起冒五更了,迷糊糊地走错了方向,走到广阳城的遗址上来了。"扭头一看说:"对对对!这棵大青杨树就是证明。"他拿起小铁锅用手指头敲敲,又用牙咬咬,这才恍然大悟:"噢!这不是铁锅,这是一个金锅呀!"他把金锅抱在怀里点点头说:"刚才是广阳城重现无疑了,肖老爷家的大门就是广阳城的城门,铸铁锅的是神仙,好心帮助我渡难关!"立刻跪在地上磕头不止……

从此,他还清了债务,把老丈母娘的病治好,继续做豆腐、卖豆腐,还不断接济穷人,一家人和睦相处,过上了好日子……

大孝子

话说明初战争不断,土匪横行,庄稼歉收,十年九涝,闹得民不聊生,怨声载道。古镇采育、青云店、庞各庄、礼贤、榆垡等处都出现了人市,卖儿卖女时有发生。明惠帝朱允炆建文元年(公元1399年)八月十五的清晨,庞各庄人市上出现了一个十三四岁的少年,衣衫褴褛,面黄肌瘦,头插草标跪在街旁卖身,他向过往行人哭诉道:"老爷老爷,我母亲早丧,昨天晚上,土匪把我父亲杀死,抢走了我姐姐,无钱埋葬,您把我买了吧!"他边哭边喊,可是只有人可怜同情,没有人出银子买他,一直跪到晌午大歪才走来一位四十岁左右的买主。只见那人高高的个头儿,黑黑的脸庞,胖胖的身体,腰上系着一条鼓鼓囊囊的布带子,对孩子说:"听好了,我只管饭,不给工钱,你跟我走吗?"孩子说:"您只要给我父亲买口大棺材,帮助我葬了父亲我就跟您走,我不要工钱,管饭吃就行,让我干什么活都不怕,不怕脏不怕苦不怕累。"黑大个说:"好!你马上跟我给你爸爸买棺材去。"

三天后,孩子将父亲入土为安,就跟着黑大个走了——从此落下一个"大孝子"的美名。知道的,见面就喊他"大孝子",真名实姓谁也不知道。他跟着黑大个到家一看,原来是庞各庄镇上骡马市旁边的一家铁匠铺,马掌、兵器、薅勺子、大四齿、铡刀片,什么活都做。开始,让他哄六岁的女儿翡翠,给黑大个媳妇当仆人,一直到翡翠上私塾后才让他学打铁,收拾零活,天天起早贪黑地干活。"大孝子"非常卖力气，也吃尽了苦头。他心里想，活着虽苦虽累，却能吃饱饭，这就足够了。随着年龄的增长，"大孝子"个子也长高了，一表人才。黑大个夫妇看他诚实可靠，常常让他外出追讨货银。有一次年关前，他去青云店少林会讨要兵器债回来，路过距广阳城遗址不远的沙岗子"十八套"时，被土匪抢劫一空，幸亏土匪没要他的命。回到铁匠铺一说，黑大个认为他说假话，独吞了巨额银子，想另起炉灶，气得怒发冲冠，立刻命其他伙计把他捆绑起来，要拖到乱葬岗活埋。他没有被抢劫的证据，有苦难言，不能争辩，只是低头认命，哭个不停。这件事被黑大个的女儿翡翠知道了，寻死觅活地不让活埋这个伙计，妻子也帮助说好话。黑大个看在女儿和妻子的面上没有活埋"大孝子"，可是怒气仍然不出，瞪着眼说："死罪可免，活罪不容，打你二十柳条棍，滚出我们家门！"

"大孝子"被打后，水没让喝，饭没让吃，拖着被打的屁股，一瘸一拐地离开黑大个的家。心疼得翡翠哭了一天一宿，因为她从小被"大孝子"哄大，没受一点儿委屈，情同兄妹，哪有不心疼之理？

"大孝子"举目无亲，一时没有找到合适的活干，只好沿街乞讨，艰难度日。有一天，从早晨喊到晚上也没有讨到一块饽饽，他勒勒裤腰带就躺在路边上睡觉。可是说什么也睡不着，饿呀！他想想翡翠对自己有兄妹之情，便起身前往，心里说："我不走正门，跳墙进院，偷偷地敲翡翠的窗户，要两个白馒头就赶紧跑。"他边想边走，不料脚下一滑，摔倒在地，睁眼一看，四周漆黑一片，抬头看看天空，只有几颗星星眨巴着眼睛，肚子"咕咕噜噜"地越叫越欢，还瘾隐作痛。他艰难地爬起来继续往前走，走着走着，忽然眼前一亮，看见房屋错落，灯火辉煌，买卖云集，人来人往，非常热闹。他自言自语："这是庞各庄吗？"仔细看看说："差不多，走到骡马市就能看见翡翠的家了。"他高兴地往前走，还差点儿撞倒一个卖糖葫芦的中年人。又走了一段路，他忽然看见路旁有一个铁匠铺，立刻站住。只见一个老头左手掌钳，右手拿着一把短柄铁锤上下一点一点的，两个伙计抡大铁锤反复地往大铁砧子上砸烧红了的铁片子，"叮叮当当"，火花四溅。他迈步走过去，站在旁边看着，心里说："打铁这个活我是轻车熟路，问问他收不收徒弟，有口饭吃就成呀。"正想着，他们停止了干活。老头走过来问："小伙子，你是'大孝子'吧？""大孝子"说："人家都这么叫我。老伯，您怎么认识我呀？"

老头说："我早就认识你，去年八月十五我在你师傅黑大个家吃月饼喝酒，不是你往桌子上端的菜吗？"

大孝子听后直划拉脑袋，怎么也想不起来。老头用手里的铁锤点了点说："你的记性真差。我还知道黑大个不要你了，这样吧，我正缺个徒弟，你就跟我干活吧。"

"大孝子"听后喜出望外，肚子也不叫唤了，一点儿也不觉得饿，立刻跪在地上磕头叫"师傅"。老头急忙把他搀起来说："以后咱们就是一家人了，别动不动就跪下磕头。"

"大孝子"答应一声"哎"就去拿大铁锤，准备干活。

老头说："待会儿再干，我们先歇会儿。"一指，"你把大木盆里的铁渣子倒在大门外的土坑里去。"

"大孝子"又答应一声"哎"，放下大铁锤，端起大木盆就走。当他刚刚走出大门的时候，忽然听见四周村子里的公鸡"哏哏儿……"打起鸣儿来，紧跟着就"轰隆"一声巨响。他回头一看，大门没有了，眼前是一片荒草野地，凹凸不平，只有几棵杨柳树无精打采地站着。他低头看看大木盆，铁渣子变成了金豆子，连那个大木盆都是金的。他这才恍然大悟："噢！听我爷爷说过，这是六十年一现的广阳城，是神仙菩萨救命，帮助我发财呀！"立刻跪在地上磕头。原来，那个老头是天庭中的太白金星。

从此，"大孝子"过上了好日子，为姐姐报了仇，黑大个还主动把女儿翡翠嫁给他当媳妇。婚后数十年，儿孙满堂，夫妻双双活到百岁，生活幸福。

五狗吞吃广阳城

话说广阳城中的三百六十位员外爷醉生梦死,花天酒地,给城里城外的老百姓带来无法计算的灾难,家家户户苦不堪言。也把土地爷气得三魂泣血,七魄生烟,扶摇上天去告御状。就在这一天,玉皇大帝的早朝刚散,就见南天门的守门神多目将军把土地爷带进凌霄宝殿,土地爷跪倒在地,号啕大哭,声泪俱下地诉奏前因。玉皇大帝和王母娘娘听后,龙颜大怒,拍案而起,要把广阳城夷为平地,还老百姓一个安宁。玉帝命他速回广阳城,把安分守己、老实巴交的老百姓安排到安全的地方。土地奉命回归故地转移百姓。

玉帝说:"有的天神能制服'祖髯仙',可他们不能离开神位;有的天神能离开神位,可他们制服不了'祖髯仙'。只有二郎真君才能制服'祖髯仙',毁掉广阳城,即刻调他前去吧。"

说调就调,玉帝命太白金星前往灌江口下旨。

那么,玉皇大帝与王母娘娘说的"祖髯仙"是何方妖怪?也不能说是妖怪,它乃是如来佛祖嘴上的一根胡子,因为长在人中上,被其他三百六十根胡须封为"祖髯仙",虔诚地敬奉着,那三百六十位员外爷就是胡子一转。由于"祖髯仙"助纣为虐,他们才敢为所欲为,为害一方。

却说二郎神奉调,立刻收拾行囊,取出三尖两刃枪,就要启程。哮天犬走来说:"真君,有事弟子服其劳,杀鸡焉用牛刀?我去剿灭广阳城。"

二郎神问："你能行？"

哮天犬说："广阳城尽管固若金汤，我看它危如累卵；那三百六十位员外爷虽然有'祖髯仙'保护，也是强弩之末，我去剿灭他们易如反掌，保证人城具灭，您就放心吧。"

二郎神问："你还会变化吗？"

哮天犬说："在您的指导下，我一天也没有停止练习，现在您有一百零八般变化，我已经会七十二般变化了。"

二郎神伸出大拇指说："好样的！不过……"

哮天犬问："您还不放心？"

二郎神说："不是不是！我想，玉帝下旨，我不去有抗旨的嫌疑，咱们主仆同去，你战斗，我观阵，两全其美，怎么样？"

哮天犬说："还是主人考虑周到。"主仆二神达成共识，立刻向广阳城进发……

却说"祖髯仙"知道二郎神与哮天犬动身来剿灭广阳城，立刻把消息托梦给员外爷们。天亮之后，三百六十位员外爷们不约而同地来到大旷场上，交谈同一个梦境，认为大祸来临，惶惶不可终日。正在发愁之时，齐步仁员外爷躺地就睡，叫也叫不醒，过了半个时辰才苏醒过来。大伙问怎么回事？他说："我做了一个梦，一个黑脸大汉告诉我，咱们要想保住广阳城，得做好两件事。"

杜子怀员外爷问："哪两件事？"

齐步仁员外爷说："第一，让厨子蒸四屉毒馒头；第二，让咱们准备好四篓南路烧酒，放进烈性毒药。准备好之后，分别放在四个大门洞房顶上就甭管了，保证广阳城万无一失。"

窦中槐员外爷问："为什么四门房顶上都放呀？"

齐步仁员外爷说："黑脸大汉说，敌人从哪边来就从哪边对付。"

却说二郎神和哮天犬风驰电掣般地走来，广阳城已遥遥相望，二郎神说："咱们路过广阳城的南大门，到那儿之后先别走，站在上空看看齐步仁员外爷的家在什么地方。"

哮天犬说："就依主人。"主仆继续往前走，当他们走到广阳城南大门上空的时候，太阳已经下山了，整个广阳城笼罩在黑暗之中，只有几颗星星眨巴着眼睛。二郎神一抬头，忽然看见从前方来了一群人，有高有矮，有胖有瘦，走在前边的二人搭着冒着热气的整屉白馒头，旁边的二人抬着一个大酒篓，还有几个人拿着大酒碗。他们快步迎上来，面对二郎神和哮天犬跪在云层上，一位年长的老者拱手说："二郎真君，我们是广阳城中各个任所的土地爷，听说您主仆前来剿灭那三百六十个为非作歹的员外爷非常高兴，特带着甜馒头和香酒前来慰问犒赏，请二神品尝。"说完，众人磕头不止……

哮天犬上前拿起一个白馒头看，又掀开酒篓盖闻闻，二郎神立刻把他拉过来，夺下手里的白馒头扔在笼屉上说："先别吃。"

二郎神觉得事有蹊跷，立刻睁开他那第三只眼睛，一道白光射出，那些土地爷在白光中立刻变成了一根一根的胡须……

二郎神又将白光射向白馒头和酒篓，顿时知晓，心里说："噢！他们哪是土地爷呀，是如来佛祖废弃的胡子。"于是，立刻向老者一抖三尖两刃枪说："好你个'祖髯仙'，竟敢让我们吃毒馒头喝毒酒，看枪！"猛一刺，老者闪身躲过，踏上云层，现身黑大个，抽出宝剑与二郎神打在一起……

那些土地爷见势不妙，纷纷逃走，哮天犬看得真切，"汪汪汪"地追了上去，挥舞着宝剑与胡子们厮杀……

双方打得难解难分，只见黑大个往上一蹿，将宝剑卡进三尖两刃枪的缝隙中猛压猛刺，二郎神左甩右抖不下。正在紧要关头，哮天犬返回来，见此情景急挥宝剑砍去，"咔嚓"一声，黑大个的宝剑被削为两节，落下云层，二郎神见有机可乘，挺枪猛刺，黑大个逃之夭夭。哮天犬问："主人，祖髯仙跑了，怎么办？"

二郎神说："我估计他没有跑，是搬救兵去了。"

哮天犬说："天庭中还有助纣为虐的？"

二郎神说："我是估计。不管他干吗去，咱们先做好迎敌的准备，来一个消灭一个。"

哮天犬问："怎么准备？"

二郎神一笑说："你不是会七十二般变化吗？那你就变出四个哮天犬，分别占据东南西北四座城门，我在南戏楼屋顶观阵，你在北戏楼屋顶指挥，无论'祖髯仙'带兵从哪个方向进攻咱们都不怕，怎么样？"

哮天犬说："好！兵来将挡，水来土掩。"说完一抖身子，四条哮天犬立刻站在他们俩面前。哮天犬用宝剑一晃，它们立刻向四门飞去。二郎神说："它们四个上任了，咱们俩也走吧。"说着，二神飞落在南北两个大戏楼的屋顶上。

那么，"祖髯仙"到底上哪儿去了？原来他上广寒宫去了，只见他站在宫门前摇身一变，化身成了天蓬元帅，迈步进门，见到嫦娥弯腰施礼道："仙姑在上，老猪有礼了！"

嫦娥听后"扑哧"一笑道："你还是那么穷酸！来此何事？"

"祖髯仙"变化的天蓬元帅说："我奉玉帝之命去广阳城搭救被员外爷们抢夺的姑娘，天黑行动不便，你把月亮借给我用两个时辰，等我完成使命就归还。"频频拱手，"万望成全！"

嫦娥正犹豫。

"祖髯仙"变化的天蓬元帅看她为难便欲擒故纵地说："你要不借就算了，我再想别的办法。"转身就走。

嫦娥说："等等！"

"祖髯仙"变化的天蓬元帅站住，转回身看着嫦娥。

嫦娥说："谁说不借？"伸手一指，"拿走吧！"

"祖髯仙"变化的天蓬元帅又一次谢过，高兴地抱着月亮来到广阳城北城门的上空，大喊一声："你们快来！"它的话音刚落，那帮胡子就来到了他的面前，个个都被烧得焦头烂额。一老者哭诉道："'祖髯仙'，您可得给我们报仇呀！"

"祖髯仙"说："大伙挺起精神来，我一定会为你们报烧须之仇！"

老者说："二郎神和哮天犬那么厉害，咱们是他们的对手吗？"

"祖髯仙"一拍怀里的月亮说："哮天犬最怕亮光，白天没有战斗力；二郎神孤家寡人没有多大本事，这次坚决把他们俩消灭在广阳城。"

众胡子高喊："好！"

"祖髯仙"鼓动说："他们俩正在戏楼上密谋，决不能让他们俩得逞，找他们去！"一挥手，"走！"

"不用找，我来了！"蹲守在北城门的哮天犬挥宝剑而上，与"祖髯仙"及胡子们打在一起，渐渐地力不从心，边打边退，一直退到北戏楼上空。真哮天犬见后立刻迎上去助战，二郎神又把东南西三个变化的哮天犬招来，五犬大战"祖髯仙"及胡子们，五把宝剑上下翻飞，犹如暴风骤雨，杀得他们节节败退。就在这时，"祖髯仙"把月亮挂在天空，如同白昼，那被变化的四只哮天犬顿时眼花缭乱，无力迎敌，危在旦夕，千钧一发之际，真正的哮天犬一张嘴，将那轮皓月吞进肚子里，顿时天地一片漆黑，伸手不见五指。说时迟那时快，二郎神又喷出神火，把胡子们烧成灰烬。就在"祖髯仙"欲跑的一刹那，被二郎神的宝剑穿透胸膛。五只哮天犬一鼓作气，同时张手开雷，炸开浑河大堤，滔滔洪水滚滚向前，直捣广阳城，顷刻之间汪洋一片。那三百六十位员外爷及其恶奴、恶眷和他们的祖师爷"祖髯仙"的尸体都进了鱼腹。

大获全胜之后，哮天犬吐出月亮，与主人回天庭复命。王母娘娘看看广阳城的废墟说："玉帝，给留守的哮天犬赐个名字吧！"

玉皇大帝抬头看看说："好！在广阳城废墟东边的叫陈狗章，南边的叫四狗掌，西边的叫天狗院，北边的叫狼狗庄。怎么样？"

王母娘娘点点头说："好！"

从此，这四个地名便流传下来，一直到现在。

广阳城的传说（三）

赵景贤 著

三神圣走访广阳城

楔子

据历史传说，在那广阳城的末日到来之前，一个初夏的晨曦，九重天外忽然有三朵五彩缤纷的祥云，朝着广阳城的方向冉冉而来……

你道驾着这三朵祥云而来的是谁？一位是救苦救难普度众生的观世音菩萨，一位是太白金星，一位是太上老君。

要问这三位上界神仙，忽然到凡间一个小小的广阳城来干什么，原来，早在金代各路天神对中都以南广阳小镇都有奏折，诉说广阳城人如何违反天条的罪过。玉皇大帝听后十分震怒，立即召集群臣，在凌霄宝殿之内，共同议定了处置广阳城人的一个方法，那就是命东海龙王调浑河之水，把广阳城全城淹没。同时命司震之神，乘固安县城北关大地震之机，同时让地震波及广阳城。但是，为了不使无辜的善良者遭受危难，玉帝又特降法旨，命太白和老君二神到广阳城去甄别善恶，要求是必须按照晓之以理、动之以情、惩恶扬善的原则进行。在议论这件事的时候，观世音菩萨一直在座，她对玉帝最后这道法旨深感欣慰，并且说愿亲随二位神圣到广阳城助访。玉帝大喜，连称："好极好极，有劳菩萨尊驾亲随，朕更可大放宽心。待分清善恶之后，可不必回天庭禀报，按既定决策执行。"

三神应答了一声，便一起走出了南天门，踏上了奔赴广阳城的征程。途中，三神为慎重起见，经过缜密思考，商讨出了一个具体访问方案：一是利用三天时间，三神分头走访三百六十家员外，目的是亲自观察一下，众家员外究竟是何等为富不仁。二是利用五天时间，分头走访城中众多黎民百姓。目的在于善恶亲眼所见，惩恶扬善不留任何遗憾。对于屡教不改的恶者，自然是惩之于水震二灾，直到殒命而亡。扬善之法，则是赠给善者以救命航船，求得有惊无险，确保安然无恙。

他们来到广阳城的上空之后，各自摇身一变：菩萨变成了一个满脸污垢、衣衫褴褛的讨饭婆子；太白金星变成了一个弯腰驼背的老头；太上老君变成了一个银发白须的穷老学究。三神按落云头，广阳小城眼底尽收。远望小城挺拔俊秀，近看城墙磨砖对缝，实可谓巧夺天工。尤其城楼，精雕细刻。三神走进小镇大街，顿感惊愕，一座小小乡镇，繁华热闹程度，居然酷似都城。但见大街两旁，各种店铺林立，可谓鳞次栉比。商品应有尽有，真乃丰盛至极。每逢集日，人流如同潮涌，摩肩接踵而行，车畜隆隆，沸沸腾腾，好一派鲜活生动情景。

君问这座小城，何时建筑而成，具体坐落方位，谁人能够说清？原来只知传说，详细历史不清。后经史海钩沉，才得摸清底细详情。根据金史记载，广阳古镇，始建于汉，终灭于金。广阳原属顺天析津，后改称大兴至今。具体方位在今北京南大兴区黄村新城以南，京开公路以东，庞各庄镇东北约四公里处。它的周围村庄，可谓四至分明，北邻狼各庄以南，东邻西庄（原称席庄）以西，西邻天宫院（原称史各庄）以东，南邻四各庄（原称四狗庄）以北。古之大兴县广阳镇，就设在上述四个村中央。全城千余户，拥有万贯家财的员外，就有三百六十多家。小镇之富足，传说在当时无与伦比。

三位尊神看罢广阳境况，立即按照既定的访问方案，开始对三百六十家员外一一走访。三神深知这些员外多数甚为高傲，因此走访步履艰难，受到冷遇势在必然。故而三位神圣走访得非常认真。连续三天，从早到晚，一鼓作气，皆走访完。

三天后，三位神仙聚首于浑河左岸赵村堤段的柳荫之下，汇集前三天的走访情况。太上老君抢先说道："这三天的走访可把我给气坏了。老爷、太太叫破了嘴皮，不但没得到员外们的半点同情和一丝怜悯，反而却遭到了员外们的无情唾骂与切齿痛斥：'臭要饭的'，'老穷鬼'，'别弄脏了我家的玉石台阶'，'别摸脏了我家的朱门雪壁'。员外们用烙饼馒头喂狗，却不肯赏我一口半口。看，这些员外爷是何等可恶！"

接着他又述说道："那天，我走到一家员外门前，高声叫道：'老爷太太，行行好吧，我已经是三天水米没打牙了，请把你家的残羹剩饭，赏给我一碗半碗的，救救我这条老命吧！'"

"'去去去，你这穷鬼，让人一看就恶心'说着他扭头就走。"

"'有道是恻隐之心人皆有之，难道你这赫赫有名的大员外就这样见死不救？对我这快要饿死的人，就没有一点儿同情和怜悯之心？'"

"'反了！反了！好一个大胆的贫乞，竟敢口出不逊，冒犯本员外爷，今天我要不让你知道一下我的厉害，你就不知道马王爷有三只眼！'说着，他又大喊道：'来人哪，赶快把这穷鬼教训一通，然后赶出府去！'此时，只见两三个恶奴应声而至，不问青红皂白把我按倒就打，一顿痛打之后再看时，我已经是血流满地奄奄一息。恶奴们见此情景，心中一愣，他们心中暗想：这老头子怎么这样不经打？其实他们哪里知道，这完全是我故意施展的一个苦肉之计！万没想到，这个毫无人性的员外竟然若无其事地对众恶奴说：'过一会儿他要是苏醒过来，就把他拖到街上去，要是苏醒不过来，就等到傍晚时分，拖到乱葬岗埋掉！'看，这么一个小小的员外，竟敢如此恃强凌弱，草菅人命，伤天害理，目无王法。如此毫无人性，法理实在难容，如若得不到严惩，岂非故意放纵？"

观世音菩萨听后说："相比之下，我所遇到的事儿更让人生气，那一日我到一家员外门前乞讨，忽见大门开处走出一群丫鬟，拥簇着一名华贵妇人，一名奶母怀里抱着一个未满两周岁的小少爷。他们大概是想去逛街，不料那名贵妇人，一见我就捂着鼻子尖声叫道：'晦气呀晦气，今天怎么一出门就这么不顺当，正碰上这么一个又臊又臭的老贫乞？'当时我耐着性儿说道：'不错，如今我是个穷要饭的，哪能不臊不臭，可是你要知道我并不是天生的又臊又臭，如今我臊臭的原因都是出自穷这个祸根。比如说，我身上所穿的这一身破衣烂衫，白天它可以帮我遮盖身体，夜晚它还给我充当被褥，就这样一年四季穿在身上从不更换，哪能不臊不臭？加上我们这些贫苦农民天天跟粪土打交道，成年累月的熏着，怎么会有好的味道？太太呀太太，请你再反过来想一想，你身上穿的是绫罗绸缎，每天都要更换三四遍，甭说油渍汗渍，甚至连一丁点儿土星都沾不着。再说吃的，你们富人每天吃的是大鱼大肉、白米白面，我们穷人每天都是吃了上顿没下顿，饥寒交迫，忍饥挨饿。殊不知你们吃喝穿戴哪一样不是我们穷人这双手创造的，有道是没有大粪臭，哪来的五谷香？''够了够了，你不要再在这胡说八道了！我们家吃的白米白面分明是自己家屯里存的，我们穿的绫罗绸缎分明是我家用银子从京城里买来的，与你们这些穷鬼有什么相干？''你们屯里的白米白面是你家自己亲手种植的吗？你们用来买绫罗绸缎的钱，难道不全是出租给我们穷人土地而得来的吗？依我看，我们穷人就是你们富人的衣食父母。可是当我们遇到灾难之后，你们不但不伸手相救，反而因我们脏臭而拒之门外，这哪里还有一点儿人情味儿？''你这穷婆子，却长了好一张利口，实话告诉你吧，我家残羹剩饭多的是，就是宁可喂狗也不白白送给要饭的！因为喂条狗，它能给我们看守门户，给了你们这些臭要饭的却什么好处也得不到。'贵夫人说完转身对丫鬟们说：'扫兴得很，今儿个算我倒霉，这街咱们也不去逛了，赶快把大门给我关上！'她的话音刚落，只听见'咣当'一声，我就被关在了大门之外，任凭千呼万叫，再也没人搭理……"

太白金星在走访当中，除了同样受到冷遇，另外得到了一件意料之外的特大收获，那就是在走访途中，他忽然听到了一种民谣的朗诵之声。他紧走几步来到近前，侧耳细听，四则民谣无不与广阳员外息息相关。

其一："说广阳，道广阳，广阳员外欠思量，一日'假说'当作真戏唱，抱定'假说'永不放，一心一意信上苍。"

其二："说广阳，道广阳，广阳员外三百六，多数变成奢侈狂，空说此话君不信，一摆事实全曝光。吃喝穿戴讲豪华，全城最属员外家，一日三餐食珍馐，粗粮从来不沾口。"

其三："说广阳，道广阳，广阳城镇虽然小，妓院赌场可不少。"

其四:"说广阳,道广阳,广阳员外狠心肠,不斋僧不济道,不扶贫困为哪桩?为富不仁何下场?难道不该想一想?"

听罢四则民谣,牵动三神心潮。太白金星认为,广阳果有高人。太上老君认为,有这四则民谣,足资参考。观世音菩萨认为,惜哉金石良言,竟然充耳不闻。善门永远大开,偏从旁门挤来。看来因果关系,很难两相分开。

三神商定,从明天起开始对广阳城的普通民众进行走访。

波澜酒馆与钱自尚

太白金星去了波澜酒馆。他迈步走进酒馆,但见屋内全然是座无虚席,有几个人竟然以柜台为桌,立而饮之。太白心想:由此可见这个小小的酒馆的火爆,确实与众不同!他边想边大声招呼道:"谁是这酒馆的钱掌柜?"只见一个白白胖胖,身体健康,六十开外的老者应声走至太白面前,说道:"小老儿便是这小小酒馆的掌柜,姓钱名自尚,不知老先生有何见教?"

"不敢,不敢,本人是大兴县衙一名小小的差役,这次前来是因为有几件事不明真相,特此前来过问,望您不吝赐教。"

"不敢当啊,不敢当,小老儿何德何能,敢劳县里派人登门求教,实在是惭愧得很。"

"您不必过谦,请抓紧时间谈谈就是!"太白言道。

"如此屋内请。"钱掌柜紧走几步打起了门帘。

进屋后二人分宾主坐下,有人上了香茶。"贵差有什么要问?"钱掌柜问道。"请恕我直言,您这酒馆虽然不大,但却众说纷纭,有人反映你所卖的酒,竟然是淡的不能再淡,不知您做何解释?"太白金星问道。

"不用您说,我就知道,这种言论主要是来于酒肆,您千万不要忘记,同行是冤家是至理名言,您更不要以为我这种说法是听不得反对意见。恰恰相反,如果我真的是像他们所说的那样,我一定会去向他们负荆请罪,磕头谢恩!这么说吧,中国有句古话,叫作耳听为虚眼见为实。我斗胆再加上一句,对于酒的浓淡应以品尝为准,您想一想,如果我所卖的酒真像他们所说的淡到那种程度,我这小小酒馆顾客就一定会是寥寥无几,门庭冷落了。然而,正如您亲眼所见,我这里却是终日里顾客盈门,座无虚席,试问全城哪家酒馆能与我相比?难道这些顾客都是傻子吗?非也,他们虽然不能与酒仙杜康、太白相提并论,但是对于酒的浓淡,恐怕尚能分辨,对于酒好不怕巷子深的道理,恐怕也还是知道的!请问贵差,我所说的这些,您认为是近情近理呢?还是强词夺理?"钱掌柜理直气壮地说道。

"您所说的当然是合情合理。不过,我还有一事不明,那就是您所卖的酒,是从哪家烧锅趸来的?"太白金星问道。

"不瞒您说,我这酒不是从任何烧锅趸来的,而是自家酿造的!"钱掌柜答道。

"原来您家自己开有烧锅?"太白金星惊问。

"不,不是什么烧锅,只不过是小烧而已。"钱掌柜答道。

"酒师姓甚名谁?是何方人氏?"太白金星继续追问。

"哪里有什么酒师?是我个人对酿酒略有所知。"钱掌柜答道。

"您的酿酒技术是何人所传?"

"是家父,想当年家父曾是远近闻名的酿酒名师!"

"噢,难怪您这儿总顾客盈门,原来您的酒是家传秘方所酿制!既然如此,恕不客气,还望钱掌柜赐酒一壶,我品尝一回如何?"太白金星笑问。

"失敬啊,失敬!不知贵差知酒,多有怠慢,有道是不知者莫怪!"钱掌柜说着急忙命小二送来小菜两个,烧酒一壶。钱掌柜亲自为太白金星倒酒,只称请贵差品尝。只见太白金星端起酒杯一饮而尽!然后咂了咂嘴儿,大声说道:"好酒啊!好酒!堪称是甘洌清纯,香气扑鼻!我真没想到,这小小的广阳城,竟会有这样的好酒,实是难得呀!难得!"他心中暗想:像这样货真价实的好酒馆,几乎被人以荒谬不实之词置于死地,要不是认真区别善恶这一招,后果将是何等的可悲!想罢,他对钱掌柜说道:"你这里的真实情况,我已尽知,回县衙之后,我会如实禀报县令,否定一切不实之词,你这波澜酒馆一定会有很好的前程!"

听罢此言,钱掌柜深感欣慰,停了一会儿,太白金星又说:"还有一事相求,那就是我在广阳的茶馆酒肆,曾经听到诸多有关您的事,请您把一无所图、八年如一日奉养了舅舅、舅母的事跟我说说。"

"噢，原来是这件事，那我就给您说说吧。我有两个舅父，大舅无儿无女，只有老夫妻相依为命，二舅有三子一女，堪称儿女满堂。按理说，只要二舅一发话，赡养大舅的义务说什么也轮不到我的头上。然而，由于二舅的心胸狭窄，不念手足之情，只想兄弟二人分家时母亲曾经'偏袒'过大舅父的小利小怨，就力主儿女拒绝对伯父伯母的赡养，可怜的大舅一生中孤立无援，只能自食其力。当然，在青壮年时期，还无所谓，一旦到了老年，特别是到了生活不能自理的时候，可就是一个天大的问题了，甭说无衣无食无钱财，就是一切全有，恐怕也是枉然。水要烧开了才能喝，饭要做熟了才能吃，布要成衣才能穿，拉了尿了得有人管等等，哪一个不是天大的难题？有人说，人无远虑必有近忧，谁让他们老两口不早做准备？要一个儿子或闺女，虽然不如亲生，但也照样能够养老送终。据我所知，他们老两口不是从来没想过这个问题，而是几次都被大舅母拦住。当时大舅母说：'你有三个亲侄，到时候你想要哪个要哪个，要哪个都比要外人强！'就这样一拖再拖，结果把事情给耽误了。我的外祖母去世以后，大舅的姨弟也曾想把自己的儿子过继给他，结果被我二舅给骂了出去。从那时起，我那忠厚老诚的大舅误认为，到时亲侄儿自会承担起养老送终的义务。不料想，他的耐心等待，竟好比是泥牛入海，永无消息。他痛苦，悲伤，痛不欲生。那时，是良心把我驱动，我心想：此时我不出头谁出头？于是，我泪流满面哽咽着对舅父舅母说：'您二老莫要悲伤，这养老送终的事儿，我心甘情愿一人担承！在您不能自理之前，米面我按时给您送来，其他一切开销，包括您摆地摊做小买卖的本钱在内，都由我按月奉送到您二老的手中；到生活不能自理的时候，如果我的表弟仍然不插手，也请您大放宽心，我一定毫不含糊地把您二老接到我的家中，给您二老养老送终。'当时二位老人听了我的话，立刻转悲为喜，老脸上露出了一丝笑容。从那时起，二老的衣服被褥的更新、洗涮、缝补等等一切活计，特别是二老生了病之后的煎汤熬药等等，都由我老伴儿一人承担，不管多脏多累，她是从无怨言！就这样，一晃就过了八年。八年之后，他们年老体衰，生活已经完全不能自理。有一次，我因故一连三天没去探望，进屋一看，没想到我给二老买的熟食和水果都已吃光。

老两口东屋一个西屋一个，都躺在被窝里一动也不动！当时可把我吓坏了，我以为是出了什么意外，急忙撩开被头，'大舅大舅'地连叫了数声，才把大舅叫醒，我连忙递过一个鲜橘，只见老人家又狼吞虎咽地连皮吃了下去！我心想，看来老人家这次可真的饿急了！就在我喂大舅的时候，我又听到了大舅母的微弱喊声，于是我又赶紧跑到西屋。一看，大舅母满面污黑，只有一口牙还是白色。她不只是声音极其微弱，并且连话也说不出了，只会用一只颤抖的手示意让我过去。我走至近前一看老人枕的不是枕头，而是半麻袋煤末！我又赶紧拿来食物和水，一面一口一口地喂，一面寻思：上次我买来的干鲜果品并不少，怎么会这么快就没了呢？于是我就下定了要把二老接到我家去的决心。但是，我又想到，我不能就这样不声不响地把二老接走，最好还是在接走之前通知二舅父二舅母一声。走到二舅的屋里，我主动向二老说明了来意，只见二舅沉吟了好一会儿问道：'自尚，你把老两口接走可以，但不知你对大舅的房产做何考虑？'

"'二舅，您请放宽心，接大舅二老是我心甘情愿的，大舅的一草一木都不在我的考虑范围之内，只有把我大舅养老送终才是我的唯一目的。所以我劝您对这件事不要多思多虑，我想您应该是最了解我的脾气，凡是我所说的话，到任何时候都是算数的。如果您还不放心，我马上可以给您写份字据。'我斩钉截铁地说。'那倒不必。既然如此，你愿什么时候接都可以。'二舅非常痛快地回答。'自尚，你把他二老接走我们放心，知道在你那儿受不着一点儿委屈。'二舅母插言道。

"当时我心想：说什么放心不放心，你们根本就没担过什么心。眼看老两口就要被活活饿死，你们都无动于衷，还有什么放心不放心可说！但是这话我只能在内心发问，而不能直接说出口来，因为面对的同样是我舅父舅母！常言道，恻隐之心人皆有之，街坊四邻对我大舅父的遭遇在垂怜之余，还无不深感愤愤不平呢！我就不明白，这一奶同胞的手足之情，究竟有何过深的积怨，至于达到见死不救的境地？

"我当天就把八十多岁的二老接回家去。从此，二老的生活有了保障，也有了规律，一日三餐，有干有稀。冬天有暖炕热被，夏天有蒲扇凉席，衣服经常洗换，闲来无事我还经常陪二老聊天。开始我总闻到二老身上有一股腥臭味，便提出给二老洗洗澡，结果二老都表示不同意，说人老了哪能没有一点儿味？于是我就和老伴商量好，烧了一大锅水，硬是给老人解带脱衣，她洗大舅母，我洗大舅父。从那以后，我和老伴约定，不管春夏秋冬，不能超过十天就得给二老洗一次澡。直到二老寿终正寝，二老的身上也是干干净净！我自知，这些都不能说明我的人格高尚，只能说明我做了自己应做的事情！在我小的时候，我的亲人整整抚养了我八年，如今我奉养二位老人家八年还有余零，我满足了知恩图报的心愿，我的内心颇感平衡，我无愧于自己，更无愧于亲人！"

"不要再往下说了！你的作为已经充分说明你是一个当之无愧的仁德君子。"太白金星说。

太白金星接着说道："老钱啊，老钱，你所说的这些既生动又感人的故事，使我深深地感到你是一个忠厚孝道的大好人。在我对你深感敬佩之时，我有句金玉良言望你一定记住：广阳城有一场大灾大难，就在今年的六月中旬，希望你在今年的六月中旬之前带上全部家资去京城避难，不到六月下旬切莫还乡，否则定有生命危险。"钱掌柜再想细问时，太白金星已经扬长而去……

老钱对太白金星所说的话坚信不疑。那年的六月八日两口子就关了店门，带上所有家资进了京城，住进了天桥的一家客栈里。才住下几天就听到了广阳全城已被永定河水冲为平地的消息。水撤后，由于故土难离，老两口又迁居在距广阳城不远的庞各庄镇上重新开了一个波澜酒馆……

"斗量香"与"大孝子"

菩萨首访的普通户是广阳城有名的"大善人"廉吉祥。在还没走进其家门之前，菩萨的一双慧眼就看到了他家的院内有一股冲天的怨气。对此，菩萨深感诧异，料到这其中必有缘故。于是她决定待问明情况后再走进去。因此，她立即念动咒语。不一会儿只见土地已然跪在了面前，口称"小仙愚钝，不知菩萨驾到，有失远迎，敬请恕罪"。

"我召你前来，非为别事，只须要你说明这廉善人家缘何不但没有一丝祥和之瑞气，反而却有一股冲天的怨气，是何道理？希望你如实说来，其中若有半点虚假，定然严惩不贷。"

"小仙绝对实话实说，据我所知，这位大善人实际是个大恶人，大孝子实际是个大逆子。为什么这样说呢？因为他平日百般虐待自己的生身父母，最后竟然把二老在百日之内双双冻死、饿死，既然他的二老双亲死得如此凄惨和冤屈，他家又怎么会没有一股冲天的怨气？！"

土地刚说到此，菩萨怒道："土地呀，土地，在你所管辖的区内居然发生了这样的大事，你可曾向天庭禀告过？显然没有。那么我再来问你，这廉吉祥'大善人'天庭又是怎么知道的呢？"

"那是小仙亲自向天庭禀告的。"

"噢，我明白了，你只报喜不报忧啊，可你这喜报得准不准呢？"

"报的时候我认为是准的，后来才发现是上当受骗的。"

"好，那你把如何上当受骗的经过一一说个清楚。"菩萨说。

"廉氏夫妇为了引人注目，想出了一个别出心裁、欺世盗名的高招——用斗量香而烧之，就是说每当逢年过节或每月的初一和十五，人们烧香拜佛的时候，别人都是晨昏三叩首（磕头），早晚一炉香（一炉香泛指三柱），他家烧香则是按斗，如此他家所烧的香与普通人家所烧的香数量就无法比了，故此'大善人'的名声很快就传遍了广阳城内外，我千不该万不该的是人云亦云，就此把廉氏夫妇作为'大善人'呈报到了天庭，这确是小仙之过，敬请菩萨惩治。"土地诚恳地说。

"只要你知错改过，引以为戒，对于你的过错我一定不予追究。但是，对这个假善人如何活活饿死亲生父母的经过，你要仔细地从头到尾说个清清楚楚。"观世音菩萨心平气和地说。

"好，我一定把我所知道的说个仔细。据我所知，他家自祖上就居住在这广阳城里，他的父亲姓廉名成功，母亲廉门张氏，一母所生三男一女，其父当年走南闯北，以淘金为业，小发后衣锦还乡。在这广阳城内廉氏家族虽不及三百六十个员外那样富有，但也颇有盈余，算得上是一个中上等人家。三儿一女男婚女嫁之后，二子吉祥便提出了与父别居。长兄鸿祥、三弟春祥苦苦相劝、吉祥仍然不依，父母见其意已决，只好由他。所以他父亲便忍痛给他们哥儿仨以抓阄儿的方式分了家，每人分得住房五间，可是他家只有现房十间，事先说好谁抓了空阄儿，就由他自己照旧房格式盖新房五间，一切资金由其父承担。家中浮财，按三份均分。对二老的赡养，当时商定由长子开始，以一年为限，依次类推到年齐月满，要主动迎接二老进家，要尽心力行孝道，以报养育之恩。并且当众言明父亲留有一定的体己，以做零花之用，最后如有盈余，按数均分，如若不足，由三子每人每年按十两纹银均摊。对所有条件，三个儿子都表示毫无异议。尤其是次子吉祥，说的更是慷慨激昂，他说：'别看我力主分居，分居后我对父母的养育之恩、兄弟的手足之情必将终生不忘，空口无凭，日后我一定要做出个好榜样，让全广阳城都知道我吉祥是个有名的大孝子和最讲义气的好哥们儿。'可是，别听他说的比唱的还好听，过了后儿可就不是他了。自从他与父母分居以后，便无拘无束，行为放荡，不务正业，专干溜门撬锁，甘当社会蟊贼。有道是兔子不吃窝边草，他却反其道而行之，专偷周围邻居。有一次他趁着黑夜偷了邻居的金银财宝，刚想溜走，就被邻居人赃俱获抓了个正着，因而银铛入狱。多亏了他父亲衙里衙外为他打点才被放出来，花费了自己的体己银一百三十多两。出狱后，他本应痛改前非，可是他呀，不但不知悔改，反而变本加厉，为了报复事主，他放火烧了人家的配房三间，事主报官后，官府追查起火的原因，得知是有人故意放火，并且确定了他是纵火的主要嫌疑人之一。他闻得此信，如同热锅上的蚂蚁，手忙脚乱，慌做一团，最后选择了向事主跪地求饶，情愿包赔一切损失。这笔钱当然又是由其父用自己的体己银两开支。"

听到这里观世音菩萨说道："看来此人真是不思悔改。不过今天我想听的是他如何忤逆不孝，其他恶事你以后再提。"

土地连声说："可以，可以，现在我就从头说起。自从其力主与父别居以后，他就自食其言，对双亲毫无孝敬之意，常言道有比较才有鉴别，若论这哥仨对父母的孝敬，哪一个都比他胜强百倍。老大鸿祥，对父母的孝敬是百依百顺，从不让父母生一点儿气。生活上照顾得更是无微不至，为让老两口吃好，大儿媳总是给公婆另起炉灶，老人想吃什么，她就马上去做，穿着总是四季更新，做什么颜色的衣服，都是由老人自己选。三儿子更有孝心，除了生活上仿照大哥的做法以外，不管自己的工作多忙多累，每天总要抽时间陪父母聊天，让二老心情舒畅，笑颜常开。一轮到吉祥，老两口就算倒了霉，生活上吃饭不同桌，主要是嫌老人脏。随茶随饭，想调样吃点儿顺口的，只有自掏腰包亲自上街去买。更使二老难以承受的是，那二儿媳的冷言冷语，在虐待父母方面，吉祥夫妻可真算得上是妇唱夫随。吉祥的媳妇简直是个机灵鬼，她当面是人背后是鬼，比如给邻居放火的事，本是在她的怂恿之下所为。可是，事发之后，她给事主跪地求饶时，却说没法儿跟这样丢人现眼的人过日子，逼迫廉二马上写休书，要和他一刀两断。您看她多会装模作样！分家时，当众言明二老过班时都是管接不管送，可是吉祥到了父母过班的日子，根本就没接过。父母在他大哥那多住几个月的事儿，已是屡见不鲜。但是只要父母满意，他大哥大嫂从无怨言。

"有道是好人不长寿，分居三年后鸿祥突然暴病身亡，大儿媳带子改嫁。从此，赡养父母的任务就撂在了老二老三的肩上。

"此时，老两口由于年迈体衰，已是病体缠身。有一次老两口正在吉祥的班上，母亲到街头闲坐，起来时不小心崴了脚，回不了家，急的老人连声叫喊，二儿媳妇明明听到了却装作没听见，直到邻居跑进院来报信，她才假惺惺地搀扶起老人进了家门，进门后她随手把门一关，就自己走进屋去。在老人的一再央求下，她才勉强同意去药铺给老人请大夫医治，不料回来后她编假话说大夫出诊去了，婆婆明知她是在说谎话，就说：'你去把春祥叫来，就说我有话要跟他说'。儿媳妇听了这话，心里非常高兴，她心想，这老东西又上了我的当了。她快步跑到老三家，说：'你们爷儿俩快去看看吧，老太太把脚崴了！'结果是他三弟马上将母亲背回自己家中并立即为其母请来医生治脚，一切费用自然也是由老三付了。对此吉祥夫妻自然是心中暗喜，只字不提。老太太心想，我现在还在老二班上，怎好就此赖在老三家？老二两口子明知母亲在老三家，但却装作不知。万般无奈，老太太只好一瘸一拐地走回老二家去，老二媳妇眼见婆婆一瘸一拐地走进院，进了屋，她仍然视而不见，连句'您好了'的话都没说，见此情景，老婆婆只有暗自伤心落泪。"

土地接着道："菩萨，听到这儿您一定认为这对夫妇太没人性，其实更没人性的事儿还在后头呢！"

"你还是接着往下说吧！"菩萨说。

土地连声称是，他接着说道：

"人到风烛残年，身体瞬息万变，尤其是经常遇上着急生气、悲痛苦闷的事儿，更是火上浇油，结果没多久，老两口先后都得了致命的顽疾，老头儿得了黄胆（实际上就是现在的肝癌），老太太得了中风偏瘫。老头儿虽然面黄肌瘦，但尚能出来进去自己走动，老太太就只能拉尿在炕上了，儿媳妇嫌脏不管，儿子更不傍前，只靠有病的老头子往里端沙子，往外端屎尿。只有当街坊四邻或是姑奶奶来看望老人时，儿媳妇才装模作样端几回屎尿。儿子更有手段，索性在东厢房给老妈在屋地下用砖垒了一个人圈，里面填上一层厚厚的沙子，把老妈赤身露体地放在里边，一日送上三餐，一天清理一回圈。父亲看不过，就说：'这样夏秋季则可，到了冬季，岂不把你妈活活冻死在里边！你这样对待生身母亲难道就不怕遭报应吗？'儿媳妇听了公公的话不耐烦地说：'瞧你说的，我们俩都靠干活吃饭，哪有更多的时间侍候在身边，这个办法对您也是个解脱，总用您端屎端尿我们俩也是于心不忍，才想出这个办法，您不但不赞赏，反而还把我们埋怨，这真是好人难当啊！'老公公听了儿媳妇的一番话，自知再多说也是枉然，只有再忍几个月，等待三儿子接班。他仰天长叹大声说了一句：'你们俩不孝敬父母，光烧高香又有什么用？'任凭怎么说，这两口子嘴里虽然不再说什么，心里却仍比铁石还硬！老俩盼望着，苦熬着，眼看着病情一天比一天严重……

"好不容易盼到了三儿子三儿媳妇如期来接，老两口那份高兴劲儿，是满脸笑容，满面泪水，老头儿大喊：'我们老俩又有救了！'老太太在沙圈里高举颤抖的双手，也是激动得泣不成声。

"三儿子把父母接回家后，看到父母的病情如此严重，没敢耽搁，只在家里住了一宿，就将父母双双送进了京城有名的大医馆。经先生诊断，他父亲的病为黄病（肝癌）晚期，最多只能再活两三个月，母亲中风偏瘫，好好照顾，辅以药疗，生命尚可维持几年……

"在看病期间，他二儿子两口子不仅两手空空而来，而且进屋以后不问老两口的病情如何，只追问父亲还有多少体己钱和这笔钱现放何处。他父亲实在忍不住了，大声地说：'吉祥呀，吉祥，你们俩是干什么来了？是探病还是追钱？是钱重要，还是你爸妈的命重要？如果你说命重要，为什么你们来了之后根本不问我老两口的病情？反而对我那几个体己钱穷追不舍？你别气我了，还是回家用斗量着高香去烧吧！'

"这一席话，把老二两口子问得面红耳赤，无地自容，好生尴尬。两口子赶紧找了个机会，灰溜溜地回家去了。

"且说春祥并不完全相信医馆先生的结论。回家后，他到处寻找与其父母有同样病的病人去寻医问药。皇天不负有心人，没出一个月，他终于为父亲找到了一个治黄病的偏方，他更没有想到，吃了这个偏方以后，他父亲的病真的一天比一天见好。半年以后，老爷子已是病状全消，完全恢复了往日的健康。对母亲的病，他虽然没有找到什么好偏方，但是他坚信，只要精心护理，母亲照样也能益寿延年。果然，时间一长，母亲的病也从不会说话变成了能呜啦呜啦地说几句简单的言语……

"春祥明知母亲得的确实是一种脏病，一个大人不少吃、不少喝，整天在屋里拉屎撒尿，哪有不脏之理？可是他又想，只要能做到把屎尿及时清理出去，屋里就不至于有多少异味。于是，他就跟媳妇商量说：'要想让爹妈住的屋里没有臭味儿，第一让妈拉屎前及时通知，最好拉尿在便盆里，以便及时倒干净，如果实在来不及，就让妈拉在尿布上，拉尿后更要妈及时告知，你就负责把尿布上的屎尿及时清出屋去，放在僻静之处，晚上我干活回来一律由我清洗。'说来也怪难为老三的，一块块连屎带尿的脏布，都是由老三一人一一清洗，一年到头，日复一日地干下去，老三就从没有烦的时候，更没有半句怨言。就凭这点，就着实可敬可贵。

"您以为洗涮完这些脏垫布，就算完事大吉了吗？不，陪同父母聊天，让父母开心，这也是他每晚的必修课。因此老两口每日里感到的总是心满意足，心情舒畅……

"一晃儿又是一年过去了，仍不见二儿子来接班。老两口是真盼二儿子来接班吗？肯定不是。说句实在话，老两口真害怕到二儿子家里去，因为老两口深知，一旦这回二儿子接过去之后，能不能再回到三儿子家来，还真有点儿犯含糊。可是，总赖在三儿子家虽然从心眼儿里愿意，但总觉得有点儿过意不去。这矛盾的心情，时刻埋藏在二老的心底。直到过了三个月，仍不见二儿子的影儿，二老真有点沉不住气了。三儿子最知二老的心思，就说：'您二老不必多虑，我二哥不来接您，您就踏踏实实住上一年，他永远不来接您，我把您二老养老送终，正合我的心意。何必这样不踏实？更有什么过意不去？眼看春节就要到了，依我说，如果您二老实在愿意到我二哥那儿去，也要等欢欢喜喜过完团圆年再去，您看怎样？'

"父亲点了点头说：'如果你二哥春节前不来接，咱就按你说的办，过了春节要是再不来接，我非去找他算账不可！'

"'别，别。方才我说的全是真心话，绝对不是牙关劲，过了春节我二哥真的不来，您也别生气，我是真心实意愿把您二老奉养到老的啊！'三儿子急咻白咧地说。

"'好吧，仨儿，你也甭着急，咱们到时候再说吧！'这样他爸爸才下了结论。

"这年的腊月三十晚上，老二两口子照老理儿一起来给爸妈拜年。趁此机会他父亲问他为什么一直不来接班？机灵鬼二儿媳妇见问，急忙插嘴道：'我们正想跟您说这件事哪，前些日子因为我总是疾病缠身，所以他几次要来接您二老，都被我拦了，因为我总觉得把您二老接过去，我也侍候不了，倒更显得不好，所以才让您二老在三弟家多住些时日。这样吧，您在我三弟这儿多住的一切用项，我们如数承担就是。'其实她假托有病，纯属一派胡言，说多住时日的一切费用如数承担，只不过是在画饼充饥而已。

"他父亲问及他俩究竟什么时候来接时，他俩都用'很快很快'来支应搪塞。因为大年三十的，事事都得取个吉利，所以这件事儿只好不了了之。

"过了春节，一晃又过了正月十五，老爷子真急了，趁三儿子三儿媳妇不在家的空儿，老爷子从街坊家借了一辆小推车儿，推着老伴和被褥来到了吉祥的家里。二儿媳妇一看，又抖起了小机灵说：'嘿，巧极了，我们正好今天下午要去接您哪……'

"'甭接了,我们老俩口自动送上门来了!'老爷子赌着气儿说。

"吉祥见再也无法推却,只好抢着把母亲又背进了东厢房,二儿媳妇又忙把婆婆的铺盖放在沙圈里,铺上一条褥子之后,二儿子就把母亲放在了铺好的褥子上。二儿媳妇又连忙把公公的被褥放在炕头上。老爷子一进屋,就感到这屋里冷冷清清,用手一摸炕头,冰凉冰凉,就问:'你们不是说今天下午就要去接我们吗?怎么连炕都没烧?这么冷的屋子怎么住人?'二儿媳妇连忙说:'您先别急,我马上给您烧炕也就是了。'烧完炕之后,二儿媳妇说:'我们俩下地干活去了,您老两口看家吧!'说着,两口子拿上农具就走了。这一走不要紧,一直到天黑才回来。中午的时候,老两口饿了,老爷子想自己做点饭,一看儿子的房门是铁将军把门。无奈,老爷子只好到街上买来些点心,老两口只能就着凉水吃点心。天快黑的时候,老爷子听到儿子和儿媳妇回来了,就气不从一处来,怒气冲冲地把俩人叫进屋,问道:'大正月的地里有什么急活连中午饭都顾不上回家来吃?难道你们就不记得家里还有老爹老妈在等饭吃吗?莫非说你们是想把我们老俩饿死不成?'二儿媳妇插嘴说:'看您说的,我们只不过是想多干点儿活儿,有什么过错?'儿子又说:'我明知道您手里有钱,不会饿着,有道是有钱不花死了白搭,您留那么多钱有什么用?是钱重要,还是命要紧?'听到这儿,老爷子实在忍不住了,大声喝道:'你这畜生,反而教训起我来了,我来问你,到你班上我的生活费用应由谁来承担?'二儿子说:'当然是由我来承担了!'老爷子又说:'既然如此,你铁公鸡一毛不拔,光让我吃自己的体己,又怎么解释?'二儿子耍赖皮地说:'暂且记账,过后我还也就是了。'他爸说:'你这不要脸的东西,我在你弟弟家多住了半年,你说一切费用由你承担,到你班上你借故不管我们老俩饭吃,又说暂且记账,我问你,归还日期是驴年还是马月?'二儿子说:'反正是人不死债不烂,有了钱我一定还!'说着他一眼看到了窗台上摆放的点心,就说:'我知道您就不会让自己饿着嘛!'并示意媳妇说:'来,咱们也尝尝爸爸买的细点心,压压饥。'说罢,两人叽叽叽叽一顿大嘴,把所有点心吃了个一干二净。老爷子气得不行,只好作罢。

"上午烧的炕,到了晚上,早已恢复了冰凉,老人家有心再让儿子儿媳妇来烧炕,又想到他俩劳累了一天还没吃饭,只好暂且忍耐。没想到只睡了一小觉,就被老伴儿不住的咳声唤醒,他心想:自己睡在炕上尚且如此寒冷,老伴儿睡在冰冷的沙子上的滋味一定比自己更惨。于是,他起身把自己的大棉袄又加在了老伴的棉被上。只见老伴儿被冻得缩成一团,浑身不住地打颤,上牙与下牙得得作响,响个没完没了,令人心烦意乱。此时此刻,老人家颇有悔意,悔不该一时冲动,不听三儿子解劝,自投罗网只闹得个进退两难。最后,他决定天亮一定叫二儿子或二儿媳妇先把炕烧热,然后再把老伴从沙圈里抬到炕头上。想着想着他不觉蒙眬睡去。当他一觉醒来时,已然是天大亮,猛然,他想到了咳嗽不止的老伴儿,怎么停止了咳嗽?莫非她也睡着了?他连忙起身去看,不看则可,一看把老汉吓了一身冷汗。原来老伴因为咳得太厉害,一时咳不上痰,憋的脸色发青,再加上冻得浑身僵硬,只剩下微弱的一口气了。老头真急了,他跑到北屋,上气不接下气地对二儿子二儿媳妇说:'快,快,你妈不行了,快去接广阳城里最有名声的看病先生!'老二心想,这老太太怎么刚过班第一宿,就要跟我算账?他连忙穿好衣服,三人一同到东厢房去看,儿子一看老妈真的够呛,又看到眼下这幅情景,先生一来,自己的脸上实在无光。于是,他吩咐媳妇赶快抱柴烧炕,先热一簸箕沙子铺在炕头上,然后又把老妈赶紧从沙圈里抱到炕头上,盖好被子之后,他低声嘱咐媳妇一定要把屋子烧得越暖越好,他马上就去请看病先生。媳妇会意,添满了半锅水架上了木柴,只见那烈火熊熊,热气腾腾,屋子里的温度陡然上升。老父亲见此景心如明镜,明知儿子又是在作表面文章,更知他是在故意把二老捉弄⋯⋯

"不一会儿,二儿子领来了广阳城最有名望的看病先生,二儿媳妇马上端茶倒水,显得十分殷勤。老先生立即一边给病人诊脉,一边询问病情。最后老先生说:'这位老太太本来就患有中风,突然又染重感,病情十分严重。据我诊断,病人足不出户能患此重感,除非是遇到了奇寒。从这屋里现在的温度看,绝不至于得这种病。这样吧,我给她开上三剂草药,用后如不见效,就请马上另请高明。'开完药方后,老先生一眼看到了炕下的沙圈,问道:'建此物做何用项?'二儿媳妇马上答道:'给老太太存放沙子,免得雨季无干沙可用。'老先生点了头,就走开了。二儿子一看,原来沙圈里的屎尿还没来得及清除，怨不得先生发问，原来这里有破绽。背地里二儿子埋怨媳妇，媳妇说：'你走后我忙得脚丫子朝天，根本没得一点儿清闲。一个看病先生，看见了又能怎样？'丈夫说：'你哪里知道，这人言可畏？''什么可畏不可畏的，我看这老太太的病确实够呛，咱们还是及时给你那弟弟、妹妹送个信儿为好，你说呢？''我说还是先别送，免得招来更多麻烦。''那样的话到时候可别埋怨我没给你提醒？''别啰嗦了，一切责任由我承担。'

"三副药吃过，果然没有明显的效果。老爷子主张立即把三儿子和女儿叫来，大家共同商量个应急措施。二儿子说：'人多嘴杂，您二老在我这班上，就应该依我，不到万不得已的时刻，没必要麻烦别人。'老爷子说：'难道你的亲弟弟亲妹妹也是别人？'二儿子说：'我的意思是说，只要我个人能承受的，就个人承受。'老爷子说：'你妈这样严重的病，你说说你到底打算怎么做？'二儿子说：'我马上去另请几个有名望的看病先生。让他们会诊一下再做道理。'果然，他出去不大工夫，又请来了三位看病先生，结果三位先生一会诊，得出了一个共同的结论——那就是火速为老太太准备后事。

"这时，吉祥当机立断马上派人去请三弟春祥、四妹芳馨和两个舅舅。亲人们到来之后，一见老太太高烧不退，昏迷不醒，知道已是危在旦夕。于是，亲人们就纷纷地议论起了老太太的后事。弟弟妹妹知道二哥平素的吝啬，主动提出愿各自承担三分之一的费用办后事，这要是在平常吉祥一定会就坡下驴，可是这回他却一反常态地说：'分家时说得清清楚楚，二老谁先走都由大哥操办，如今大哥不在了，理所当然地应由我个人承办，你们俩就谁也甭操这份心了，头拱地我也要大操大办，重葬母亲。'老爷子一听，立即告诫说：'老二，你也别瘦驴拉稀粪，只要你量力而为，亲人们谁也不会挑你什么。不是我说你，平素你要是稍微有一点孝心，你妈也不会这么快就走。今天不是我当着亲人的面揭你的底，你妈之所以这么快地走，都是因为你的不孝和吝啬。一旦她真的走了，也是个被冻饿而死的冤魂。我说这话一不会屈你，二不是埋怨你，而是劝你没必要活着不孝死了叫，只落个孝子的虚名又顶什么用？'这一针见血的话，只说得二儿子无地自容，他真没想到老爷子会这样令他当众出丑。当时，他本想回敬几句，但他明知老爷子说的都是实情，他怕惹翻了老爷子后，他所有的丑事都被抖落出来，对自己更是不利，所以才把已经到了舌尖的话又咽了回去。最后，他说：'你们不是说我吝啬吗？为我妈大办丧事的事，我一定要说话算数，谁再说什么不好听的，也动摇不了我的决心。'老爷子说：'因为我明知道你没钱，所以才这样劝你，你已经四十多岁了，可千万别不知好歹。'二儿子说：'实话告诉您吧，钱我是有的，但我要把它花在刀刃上，这次我一不要弟弟妹妹各拿三分之一，二不要您分文的体己钱，您就放心的让我自己办吧。'吉祥说完这话之后，只有老爷子说了一句'既然如此，那你就按照你所想的去办吧'，在场的人谁也没有再说什么……

"老太太得病的第五天夜里一命归西。全家人痛哭不已。老爷子更是深感内疚，害得老伴儿过早的离开了自己。因此，他也常常在背地里暗自伤心落泪。

"此时的吉祥夫妇，要倾囊葬母以尽孝道。他给所有的亲朋好友和街坊邻居都报了丧，筹棺备椁，高搭灵棚，大摆丧宴，广请僧道，超度七天。出殡的那天，光纸糊的人物、牛马、车辆就在街上排列了很长很长，那排场，真好像某家员外在治丧。

"丧事过后，老爷子才解开了二儿子一定要大操大办母亲后事之谜。他从管白帐先生口里得知，这次操办后事的用项，不但没有亏损，反而颇有盈余。老爷子恍然大悟，原来二儿子夫妻二人的小九九算得如此仔细，他们料定了撒下大网必定有鱼。老爷子暗自叫道：'吉祥呀吉祥，你母亲被你逼得冻饿而死，你却以大操大办之名从中大搞投机，不仅落了个孝子的虚名，而且借助死人从中渔利，良心何在！天理何存！这真是岂有此理！岂有此理！'

"老伴死后，老爷子感到失落、寂寞和悲伤。因此，终日里闷闷不乐，十分需要亲人们的关爱、开导和安慰。三儿子和女儿为了给老父亲消愁解闷，虽然比以前来的次数多了些，但也是有时有晌，老爷子更多的时间还是与二儿子周旋。老太太死后，您猜他二儿子对父亲是个什么态度？只能用更冷漠、更无情、更残忍来形容。问及原因，都只为母亲死前老爷子在众亲人面前直截了当历数了他那见不得人的作为，所以他耿耿于怀，记恨在心。几天不跟父亲说一句话，已然形成了习惯，不按时给父亲送水送饭，更是常见不鲜。哪里还谈得上什么关爱、开导和安慰。然而，对于父亲自留的体己，他却死盯住不放，三弟家置买的车马，妹妹家盖的新房，都是他怀疑的对象。一日，春祥到他家来看望父亲，不巧正赶上父亲外出遛弯未归，三儿子一看父亲没在，扭头刚要走，就被二哥叫住说：'爸一会儿就回来，正好我有件事要问问你。'他三弟一听二哥有事要问，便停住了脚步问：'二哥，有什么事你说吧。'吉祥说：'爸说你新购置的那套车马是他花钱给你买的，是么回事儿吗？'春祥心想：既然爸已经跟他说了，他还隐瞒什么，便理直气壮地答道：'对，是爸花钱买的。你问这干什么？'吉祥忙说：'没事，没事，随便问问。'又待了一会，春祥见爸还没回来，就回家去了。

"三弟走后，吉祥心想：谁也甭想跟我抖机灵，老爷子用体己钱给他买车马的事，果不出我之所料，没用三诈两诈，只一诈就被我诈了出来。等爹爹回来，再追问一下此事，看他以何言答对。

"不一会儿，父亲果然归来。吉祥还没等父亲坐稳，劈头就问：'爸，三弟跟我说他的车马是您给买的，不知是假是真？'老爷子闻听此话心想：小三就是嘴上没毛办事不牢，当时我曾一再叮嘱他，不要向他二哥谈起此事，他怎么却主动说了呢？莫非其中有诈？不，不会有诈。春祥要是不说，他绝不会知道。既然他知道了，那就一定是春祥对他说过……二儿子一见爸爸迟迟不答，就说：'爸爸，你往日说话嘹亮干脆，今日为何吞吞吐吐？'老爷子生气地说：'小三的车马是我买的，那又怎样？'二儿子也不示弱，就说：'我虽然不能把爹爹怎样，但是我想问问您为什么对两个儿子不能平等相待？您既然能给三儿子买车又买马，为什么对二儿子却总是一毛不拔？'老爷子说：'说什么我对你一毛不拔，我问你，在你身犯国法坐牢房时，要不是我用银两上下打点，左右疏通，官府岂能把你放出来？你纵火烧了邻居的房屋，要不是我为你赔款又赔情，你怎能从容地渡过难关？表面看起来你所说的不平等，也确是实情，那你一次又一次到了时候不接班，接了班不管我老俩饭吃，我老俩生了病总是自己掏腰包的事，到底什么是真正的不平等？你为什么好了疮疤忘了疼？'二儿子听了爸爸历数过去这些千真万确的事实，实在没话可说，一方面深恨自己自讨无趣，另一方面又不想白费心思。于是一计不成，又生二计，他转口说：'实话告诉你吧,我之所以提到这些,就是想找个借口跟你要俩钱花,因为孩子们上学要花钱。'老爷子听后就说:'既然如此,你何必绕弯打曲?需要多少何不直截了当地跟我说?'二儿子说:'再加上给孩子置买些衣物,一共得三十两银子。'老爷子二话没说,第二天就从银号支取了三十两银子交给了二儿子……

"菩萨,您以为他骗到三十两银子就满足了吗?不,他们两口子的最终目的,是要尽快弄清老爷子到底还有多少体己。吉祥说:'我估计老爷子的银票如今就在他自己手里,不然支取三十两银子不会那么快。'媳妇说:'明天趁老爷子外出遛弯儿的机会,我要把他的被褥枕头和所有衣物都仔仔细细搜查一遍。'然而,搜查后的结果仍然是枉费了心机。他俩仍不甘心,就又把目光转向了妹妹。恰巧,第二天妹妹又提着许多爸爸爱吃的干鲜果品来看望爸爸。吉祥抓住爸爸不在家的机会问妹妹:'爸爸的银票是不是放在你那里?'只见妹妹正色言道:'二哥,说老实话,爸爸的银票没在我这。你不想一想,他老人家有两个儿子,他是依靠两个儿子养老送终的,岂能把自己的银票交给我这出了嫁的闺女?二哥呀二哥,不是妹妹说你,分家的时候爸爸已经有言在先,他的体己如果在死前还有盈余,就三个儿子均分,你还有什么不放心的,非要现在就刨根问底?恕我直言,眼下你的所作所为实属没有出息,有道是好汉不赚受祖业产,像你这样不自立,两眼光盯住爸的这点体己,自己就不感到羞愧?'听到这里吉祥再也听不下了,就说:'我只不过是无意地问问你,没想到招出你这么多废话来!''什么无意!你这分明是对我有怀疑,我劝你今后不要这么疑神疑鬼,变着法儿好好过日子才是正理。''得了得了,我的小姑奶奶,你还是这样得理不让人的刀子嘴。'吉祥又自讨了个无趣,怏怏不快地走了出去……

"父亲回来之后,女儿向他哭诉了二哥的作为。老爷子说:'孩子,认了吧,谁让我偏偏遇上了这么个没出息的儿子,你遇到了这么个没出息的哥哥呢?我知道他一直在盯着我这点儿体己,所以我一直把这点儿体己藏在内裤里,最近我发现,他俩不定是谁搜寻了我的衣服被褥,我担心趁我熟睡他们再翻我的内衣,万一要是真的被他偷了去,这个狼心狗肺的东西,不但一定会占为己有,而且还会反咬一口嫁祸给你兄妹。'女儿说:'这我倒是不怕,因我心里没病不怕冷年糕，我就不信他能硬是把白说成黑！'老爷子说：'闺女呀，我有句心里话想跟你说，我想真的索性把银票交给你，以免万一被他搜去闹得我有病没钱看，想吃没钱买，被他活活地饿死。'女儿说：'爸，依我说这银票你最好还是给三哥，他离您最近，想支钱想买什么东西也方便。'老爷子说：'这我早已想过，这样做的结果只能促使他们兄弟不和，万一你二哥知道了银票在你三哥那儿，这场架非打破了脑袋不可。我左思右想，还是放在你手里合适。'女儿说：'既然如此，交给我也行，只要是对您有利，我什么也不怕。我分文不动只管替您保存就是。'老爷子说：'只要需要你就用，反正儿子女儿都一样，谁有困难，只要我有，我就不会袖手旁观。'女儿说：'您的心意我领了，只是我目前真的不需要钱。'于是老爷子就把一张二百两的银票递给了女儿……

"由于老伴儿的死，老爷子深感内疚，二儿子两口子终日里冷眼相看，老爷子精神上倍受摧残，再加上生活上三天两头挨饿，吃不上一顿既顺口又顺气的饭，饿急了老爷子只能自己掏腰包上街去买着吃，这样一来二去，时间不长，老爷子黄胆病就又复发了。

"三儿子听说父亲的老病复发之后，马上又按原偏方抓来了几剂草药。吃了之后，病情果然又大有好转。说实在的，这次老爷子犯病，多亏了三儿子及时买药，女儿每日精心照料。女儿抛家舍业，不离父亲左右，按时为老人煎汤熬药，侍候的周到，要不然甭想这么快就见效。然而，谁也没有想到，老二两口子，不但不感激弟弟妹妹对父亲的精心照顾，反而产生了诸多的怀疑和嫉妒。他怀疑什么？他怀疑弟弟妹妹从不向自己要钱买药，难道他俩就真的如此大方？他嫉妒的是，在自己班上，父亲病了他兄妹俩这样献殷勤，传将出去，岂不是等于打自己的嘴巴。于是，老二两口子，经过深思熟虑之后，想出了一个自认为十分绝妙的好主意，那就是悄悄跟踪买药人，不管是弟弟还是妹妹，只要一到银号去支款，就能一箭双雕——既能发现父亲的银票，又能知道买药的钱究竟是不是他兄妹自掏腰包。

"说干就干，二儿媳妇自告奋勇充当了跟踪人。可是，一连跟了四次，都没见弟弟妹妹到银号里去。这天，也许是该着出事，老爷子把女儿叫到身旁压低声音说：'这些日子买药都是你和你三哥拿的钱，依我说，我这病虽见好转，但也不是很快就能好利落,要想恢复到原来的模样儿,恐怕还要一些时日。所以我想这次你去拿药,还是从我那银票上支取。我知道,你们两家谁都不富裕,再说省着我的银票,也没什么意义,都用在我身上,也算是物尽其用了,你道是不是?'女儿说:'我就依爹说的去办就是。'就在这天,女儿去银号用银票取款,恰被跟踪人远远地看了个正着。从此,吉祥夫妇时常彻夜不眠密谋如何夺取银票。最后,达成共识,要把银票据为己有,只有先把弟弟拒之门外,然后,找机会用巧计使妹妹交出银票。

"一天,弟弟春祥又来看望父亲,临走的时候,二嫂高声把春祥叫住,然后说:'三弟,当前农活这么忙,你就不必天天往这儿跑了,爸的病近来已大有好转,有我和妹妹两个人照顾完全可以了,真有什么大的变化,我们自然会及时通知你的,我想你不会有什么不放心的吧!''二嫂说的哪里话,我所以天天来并不是有什么不放心,而是因为爸爸的病总比农活重要得多。再说我又不是整天在这儿,每天看上一两趟,对农活也没什么大的影响。'二嫂子说:'好好好,那你就随便好了,只当我什么都没说。'恰巧此时二哥吉祥走进家门,忙问怎么回事,媳妇立刻插嘴说:'都怨我好心不得好报,招得三弟不满意。'说着将方才的对话学说了一遍,不说则可,听完媳妇的学说,吉祥马上火冒三丈,大发雷霆地责问:'老三,我来问你,你到这来干什么?'春祥也不示弱,大声地说:'我是来看爸爸的,有何不可?'吉祥又问:'谁请你来的?'春祥说:'没听说过探问爸爸的病还得用请!'吉祥说:'我看你不是来探病,是来添病,是来得了便宜卖乖!''你这话从何说起?我给爸添了什么病?我又得了什么便宜?你要给我说说清楚?'春祥毫不含糊地质问道。

"'谁得了便宜谁知道,你当我是傻子,长眼睛是出气的?你和妹妹给爸买药的钱是从哪儿来的?别以为我不知道。'吉祥好像很有把握地说。

"'天地良心,我给爸几次买的药,完全是我自掏的腰包。我要是用了爸爸一文钱,我就不算人。我所说的话如果有半句虚言,我就不得好死。而你呢,无根无据地说出这样的话,就不怕遭报应?'春祥真气急了,大声喊道。

"'三哥说的对,我也给爸爸买过不少次药,药钱也全是我掏的腰包,我说这话有证据,这证据就是爸爸的银票,银票支取每次都有记录,如果从这次爸有病要是支取过,不用三哥,支多少都由我个人包赔;如果没支取过,那就说明我和三哥是清白的。不过,我得说明,爸昨天让我用他的体己银票支出三十两银子,除去买药用去的,其余的都在爸那存着,不信你我可以去核对。'为表白自己和三哥,四妹不得不实话实说。

"'四妹,你甭和他讲这些道理,跟这样的人你有理也说不清楚!'

"'好你个小三,你这不是变相骂我是混蛋吗!看我不好好教训教训你!'说着,他就动手去打春祥,两人一交手,老二媳妇马上抢上前去拉偏架,并且还趁势打了三弟两个嘴巴。

"春祥哪里容得这样的羞辱,红了眼要跟哥哥拼命。

"这时老爷子再也忍不住了,他说:'你俩别打了,老二呀老二,你到底是想让我多活几天,还是嫌我死得慢?'

"二儿媳妇插嘴说:'有这俩人给你添病,你甭想过舒坦日子!'

"'噢,闹了半天我们俩是来添病的?'三弟和四妹异口同声地说。

"'是不是你们自己知道!'老二两口子也异口同声地说。

"'噢,你们俩口子都认为我兄妹俩是来添病的,这可真是天大的笑话,我要问你们这个不添病的,这次爸犯病你们俩伺候了几天?哪次买药是你们两口子掏的钱?'

"'爹腰包里有钱,只是掏一掏根本不费吹灰之力。'老二两口子又昧着良心没理搅三分地说。

"'你们不是嫌我来得多了吗?要不是为了爹的病,冲着你我才不愿来呢。好啦,以后我不来了不就得了吗?我呀,惹不起躲得起!'春祥说罢一跺脚就走了。不料,老三这一走,正中二哥二嫂的下怀……

"妹妹见三哥一赌气走了,走到爸的近前说:'爸,看样子我也呆不下去了,我也想趁早儿回去。'

"'四丫头哇,你可别走,你要是一走可就到了爸爸的死期了。我知道,眼前正在大秋口上,家里正在大忙,你为我抛家舍业,也实在不容易。如今你要是不顾爸爸死活抬脚一走,我可就跟你妈一样,落得个饿死鬼了。'说着,老爷子哇的一声大哭起来,这哭声使女儿悲从心来,肝胆俱裂,进退两难。女儿连忙说：'爹爹不要伤心，女儿我不走便是。'说着父女抱头痛哭起来……对于这一举动，二哥二嫂不光视而不见，反而十分痛恨，二哥那敌视的目光，逼的人喘不过气来。而嫂子的风凉话，更是让人难受，她说：'既然你们父女这样难舍难离，你何不把老爹接回你家去？既尽了孝心，又有名利，有这么便宜的事儿，要是我呀，得抢掉帽子。''我是来伺候爸爸的，爸有病我来伺候，这是天经地义，人之常情，你说让我把爸接到我家去，我也不是养不起。但是你要知道，爹有两个儿子，自古以来就没听说过有儿子反让闺女养老送终的，如果我真的从你这把爹接走，你们俩还有何面目在世上做人？'

"'既然你知道这个理，还何必添这份乱？难道我们就不会上街买药，回家煎熬，伺候饭菜精心照顾老爹？'二嫂子又喋喋不休地说。

"'难道你就没有爹妈，难道你是从石头缝里蹦出来的？难道你爸妈一旦有了病，你就袖手旁观？'小姑子理直气壮的反问。

"'好你这张利嘴，比刀子还厉害，你这明明是欺负我们两口子太软弱，太善良，不敢教训你，今儿个我是非要教训教训你不可了！'说着两口子一齐上前，把四妹按倒在地拳打脚踢痛打了一顿。老爷子上前去拉，被二儿子推了个趔趄，只气得老爹喘不上气来，几乎昏了过去。两口子住手之后，就大摇大摆地回到了自己屋里。妹妹被打得遍体鳞伤。哭得泪人一样。老爷子缓过气来之后，父女又是抱头痛哭一场。

"'爸爸，您说他们急于赶我走，到底安的是什么心？'女儿压低声音问。

"'我看他们是为银票总得不到手急的，要不然你就带上我的银票回家去吧。你就是在这，他们也是整天不管你我的吃喝，故意让咱们爷俩挨饿。我就不信，你走之后他们真的会把我活活饿死？我想银票一天不到他们的手里，他们也不会对我下毒手。但是你可要切记，没有我的话，银票切莫撒手。'就这样，女儿恋恋不舍地离开了父亲……

"女儿走后，老二两口子假献殷勤，不光吃喝侍候得很周到，而且还每天由二儿媳妇用小车推着老公爹到人多的地方转。显然，是让所有的人都知道他夫妇二人是何等的孝顺。然而此时，只有老爷子知道二儿子家的险恶用心，二儿子每天主动为老爷子擦身捶背，二儿媳妇主动为公爹洗换衣服，尤其是内衣内裤洗得更是认真，老爷子明知其目的是在借此搜身。几天的认真搜查，没得到任何的成果，二儿子有些不耐烦了。二儿媳妇说：'这事儿千万不能操之过急，还须认真等待时机。'说来也巧，一日午睡，老爷子因心事过重，担心银票被二儿子独吞，始而难以入睡，继而入睡后就进入了梦境。他梦中见到了女儿，他唯恐女儿走漏了消息，就含悲忍泪断断续续地叮嘱道：'四丫头哇，我、我交给你那张二百两的银票，你、你可要好好地保存。这几天，他俩每天搜我身，搜了几次一无所得……这银票可万万不能落到他们手中，一旦他们得手，必定苦了你兄妹二人……'这梦呓之言，虽然含混，但大意却不差分毫，二儿子听完之后，欣喜若狂，急忙把这一消息告诉妻子，然后骑上快马就赶到了四妹家。他喜笑颜开，主动承认那天是因为自己酒后失德失手误打了妹妹，实在是太不应该，因此今日特登门道歉。妹妹说：'事儿已经过去了，自家兄妹，你我都不必介意就是。'吉祥听妹妹这么一说，立刻就转了话题，他说：'我来的时候爸让我办好两件事，一是让我当面赔礼道歉，二是让我把那张二百两的银票拿回去。爸还说，这银票如果你用了就把剩下的全拿回去。'妹妹心想：这会不会是哥哥来诈我？又一想，不像是诈。因为二百两的数目说得一点也不差。于是，她就非常痛快地找出银票交给了二哥，并且说：'原封未动，我一两没花，请你转交爸爸。'二哥看了眼银票，立即装入腰包，转身就走。妹妹虽一再挽留，哥哥还是匆匆地走了……

"吉祥从妹妹手里拿回了银票，两口子只乐得手舞足蹈。对于父亲存在的价值，也就无所谓了。再加上接连几天不进饮食，老爷子在一天夜里也含恨而死了。"

一说到这土地深深地叹了一口气才又接着说："菩萨呀，您想一想，这老夫妻一生为儿女操劳，偏偏遇上这么个不肖之子，他死后哪能瞑目？他家哪能不怨气冲天？"

"土地呀，土地，我来问你，他那另一双儿女哪里去了？"

"您问的是那春祥和芳馨吗？甭提了，这兄妹俩呀，后来又中了吉祥两口子的阴谋诡计了。"土地答道。

"仔细说来。"菩萨说道。

"是。您忘了这双孝顺的儿女为尽孝道，每个人都挨了吉祥两口子的痛打了吗？您想想，他兄妹二人都受了那么大的委屈，心里能平衡吗？就是因为这个，爸爸死后，吉祥两口子马上托人去请他们兄妹俩，这兄妹俩都不约而同地想难一难二哥，想找个台阶让他二哥再请第二次。没想到，这下子正中了吉祥两口子的诡计。原来吉祥两口子事前早已料到他兄妹二人必定向他发难，所以就下了决心，坚决不请第二次。兄妹二人等呀等，直等到老爹出殡那天也没等着那再请的第二个台阶，急得兄妹二人捶胸顿足。您想想自己父亲去世不能亲自看上最后一眼，更不能为父送终，能不急吗？到这时他们兄妹才想到了第一次请就应该去，可是已经悔之晚矣。"

"那吉祥呢，这次葬父不光又是大操大办，而且在出殡的那天还搞了一次别开生面的大肆宣传。送殡的时候，吉祥媳妇假惺惺地哭得死去活来，可是他本人却没掉一滴眼泪，只是不住地大声叫喊：'爸爸呀，你糊涂死了，你睁开眼看看，你认为孝敬你的儿女哪个在你的眼前，你一向认为他们两个对你好，他们究竟好在哪里？要是真好，哪能我托人去请，竟然连个面都不见？爸爸呀，你糊涂死了！直到死你还蒙在鼓里，你那几百两银子的银票哪去了你知道吗？告诉你吧，是被你那个好闺女给翻走了，他们兄妹为什么知道你死了都不傍前，他们的心中有愧呀！爸爸呀，你太糊涂了！不到一百天您二老双双离去，哪一回不是我们大操大办发送的？谁是孝子，谁是逆子这不是一目了然了嘛！'这喊声果然使一些不了解实情的人信以为真。"土地叹了口气接着说，"菩萨呀，依我看，吉祥这两口子着实可恶，他们以整斗烧香欺骗上苍，如今又用以喊代哭的伎俩欺骗别人，落了个孝子的美名，实在是罪过呀罪过。"就这样，土地愤愤不平地说完了廉氏夫妇的全部罪状……

听完土地对所谓"大善人"的叙述，菩萨道："你说得很好，好就好在你把那个伪孝子廉吉祥夫妇如何把亲生父母活活冻饿而死的事实全盘揭露出来。"

接着，菩萨又正色说道："奖惩理应分明，如今你的功过相抵。但是为了做到尽职尽责，有两件事我还必须帮你澄清：其一，关于廉吉祥的欺世盗名问题人云亦云，而你乃是一个保护百姓的使者，你的这种行为属于严重失职。其二，作为一方土地，一个理应熟知的问题你为什么熟视无睹？"菩萨责问道。

"我想您所指的一定是我所犯的知情不报之过。"土地毫不迟疑地说。

"是的，知错不改，说严重了就是对抗天庭，退一百步说也是存有侥幸心理，错误地认为只要天庭不发现就没有什么了不起。按善有善报，'大善人'理应位列仙班，廉吉祥这样的人一旦位列仙班，天下百姓都会骂老天爷瞎眼，老天爷是谁？是玉皇大帝，如果追根溯源，当然也跑不了你这现任的土地，其实你的错误何止是知错不改？简直是在动摇天威！我之所以这样苦口婆心，目的是为警戒你的惰性，切记教训，放眼前程。"没容土地表态谢恩，菩萨已然渺无身影。

梦中缘与红眼狮

太上老君的查访重点是广阳城内出了名的孝子王诚。王家老两口守着儿子王诚过日子，全家三口人以开豆腐坊为生。小王诚年方二十一岁，聪明活泼有气力，艰难困苦全不怕，勇敢忠实又明白事理，孝敬父母无微不至。正因如此，全城的知情者对他都很尊敬。

一天上午，太上老君走进了王诚的家门，只见一对年约六旬的老夫妇正在说闲话儿，老君连忙道过辛苦之后，就说："我是一个过路人，因口干舌燥，想讨口热水喝，请多行个方便吧。"

"吃顿饭都不算什么，何况只是想讨口热水喝。"老头儿说完这话，只见老伴儿早已端来一碗热气腾腾的豆浆，放在了过路老人面前的桌儿上，并且说："请趁热喝吧，这豆浆能解渴也能解饿呢。"

过路老人连忙说："多蒙关照，实在感激不尽，我谢谢二位了。"

二老连忙说："这算不了什么，请不必客气。"

"请问老弟尊姓大名？"过路人边喝豆浆边问道。

"在下姓王名宝光，祖籍就是这广阳人，敢问老兄姓甚名谁，何方人氏，因何偌大年纪还远离家门？"

"在下姓贾名仙乃上方人氏，因寻亲人远离家门。请问你家共有几口人？"

"我家一共才三口人，就是我们老两口和我们的宝贝儿子小王诚，在这广阳城内以开豆腐坊为生。"

"你儿子今年有多大年纪？"

"现年二十一岁，外出卖豆腐至今未归。"

"但不知他已定婚否？"

"尚未订婚。"

"你儿已至婚龄因何不娶？"

"因为家境贫穷无人愿嫁。"

"那么你儿子就没个心上人吗？"

"据我们老两口所知，我儿子早已有了心上人。"

"那么你二老为什么不及早托媒说亲？"

"早已托媒提亲，无奈因对方的父母嫌我家贫穷结果没成。"

"对方家居何处？姓甚名谁？"

"不瞒您说，对方的家就是我的左邻，他姓佟名星，全家四口人，夫妻二人和两个女儿。其长女乳名茹意与我儿是同龄人，他二人自幼青梅竹马，一起长大，情意相投，早已私订终身，只是因为其父母执意不允，无可奈何，茹意只好以终身不嫁一直拖着。"

"好了，内情我已尽知，我必将尽力成全此事，你们二老不要以为我是异乡人办不成此事，我担保不出三天定叫你家迎娶过门。"说罢，过路人起身告辞。老夫妻如痴如梦，半信半疑……

且说这佟星夫妇二人，就在这天的夜里，刚刚入睡，忽见一位银发白须的老者，一挑门帘走进屋来，坐在椅子上笑眯眯地说道："我乃一神仙，特来牵红绳。你女小茹意，应嫁小王诚。缘分早注定，违者难宽容。王诚应大富，莫看一时穷。如此美姻缘，不日促早成。听我良言劝，其乐可融融。"

言罢，再看老者已然杳无踪影。如是者，夫妻二人一夜连得三梦，都是相同的梦。醒后，夫妻二人互相诉说，顿感蹊跷，经反复商量决定事不宜迟，就速按神仙的指点行事。第二天佟家就亲自托媒到王家提亲。王家自然是求之不得，欣然答应。二日内茹意和王诚就完成了花烛之喜。婚后小夫妻恩恩爱爱和和美美，比着行孝道，王宝光老夫妇自然是心满意足，笑口常开。尤其是当听到一夜连三梦的消息之后,他们断定那银发白须老人绝对不是凡夫俗子,一定是神仙在显圣。

在广阳城遭劫的前几天,王诚因卖豆腐起冒了五更,在朦胧的月光下,他遇到一个须发皆白的老翁,这老翁自认他就是王诚的月老,说:"有个绝密的消息,本来前几天就应告知你,但又怕冲淡了你的喜事,所以只好等到今天再告诉你。那就是,最近几天你一定要到普救寺前去查看寺前那两尊汉白玉石狮。如果你看到那两尊狮子的眼红了,你就要马上跑回去,告诉你的全家,在太阳下山之后全家人都要立即上船。"王诚问:"可是我家哪有现成的船呢?"看到王诚为难的样子,那位须发皆白的老人笑着说:"我这里早已给你全家准备了一艘!"说着,只见老人从怀里掏出了一只用苇叶折成的小船递给王诚。王诚接过苇船,心中暗想:这不是在开玩笑吧?老人立刻答道:"这绝不是在开玩笑,这只小船看似很小,到了用的时候,保全你全家四口宽宽绰绰。"王诚心想:"我心里的话他怎么会知道?"只听那老人又说:"不必胡思乱想了,只要照我方才说的去办就行了。记住,多余的话一句也不许向外人多说,这一点你一定告诉全家,要知道劫有定数,切莫相违!谨记啊谨记!"

王诚对老人的话深信不疑。从此,他每天卖豆腐的一去一回,不但必走普救寺这条路,而且还一准儿放下豆腐挑儿,围着两尊石狮转上两圈儿,专盯住两只狮子的眼看看红了没有。

这件事儿被几个顽皮的孩童发现了,就向王诚发问:"王掌柜,这些天你为什么要天天围着石狮看?"

王诚是个不会撒谎的老实人,就回答说:"没事没事,我只是看看两只石狮的眼红没红。"再往下问,王诚感觉已经说了自己不该说的话,怕再说走了嘴,于是他急忙挑起豆腐挑儿,赶忙走了。几个孩童一合计,第二天就偷了老师的朱砂,把两只石狮子的眼涂红了,而后躲在一旁等着看笑话。当王诚挑着豆腐到来之后,照例又放下挑子去看石狮,他不看则可,一看两只石狮的四只眼睛都变得鲜红鲜红的时候,连豆腐挑儿也没顾得再要,撒腿就往家跑,几个顽皮的孩童个个捧腹大笑。

王诚跑回家去之后,便对全家人说:"不好,那两只石狮的眼睛真的红了。"待到太阳落山之后，王诚便把须发皆白的老翁所赠的小船放在院中，说来也真奇怪，只见那巴掌大的小船随风见长，当全家四口人上船之后，还仍然是宽宽松松的。更没想到的是，当狂风暴雨来临之际，小船又自动升起帷蓬漂浮在水面徐徐驶入避风港湾。

小动物知恩图报

就在广阳城劫难降临的前夕，一天的傍晌，有一个脏老太婆，左手拄着打狗棍儿，身上斜挎着一个蓝布兜儿，一瘸一拐地来到广阳城南城一户姓石的家门口去讨饭，只听她隔着门高声喊道："老爷、太太，可怜可怜我这老太婆，给块剩饽饽吃吧。"

当时，这户的母子二人正在院内的槐荫下乘凉，听到叫喊声母亲立即让儿子去开门，一看原来是一位白发苍苍、蓬头垢面的老太婆立于门外，那副可怜样让人一看就产生怜悯之心，只听女主人叫道："快进院来凉快吧。"老乞婆听后，便一瘸一拐地走进院来。女主人连忙递过一条板凳让她坐下。便说："你这么大年纪，腿脚又不好，为什么还要沿街乞讨？"老太婆唉声长叹后，回答道："我一个没儿没女的孤老婆子，不自己亲自讨饭靠什么生活？其实我的腿脚并没什么毛病，走路一瘸一拐的原因都是因为我腰部生了一个脓疮，由于没钱治，总也不见好，终日里流脓水，看来早晚非要了我这条老命不可。"说着老太婆伤心地哭了。

听到这儿，女主人更感到难过，但她突然又惊喜地说道："老人家请你不要难过，我家还有孩子他爸用剩下的金疮药，保证药到病除，不知你愿不愿用？""如能这样，那就再好不过了，还哪里有什么不愿用的道理。"老婆婆非常高兴地说。女主人立刻吩咐儿子石义快去把金疮药和棉花拿来，并且让他烧了一盆热水，自己撩开了老人家的上衣，擦洗之后又给老人家往外挤脓，约有一袋烟的工夫，脓水已被基本挤净，但还留有一些挤不出的脓底。女主人对儿子说："你过来，像当年给你爸吸脓底那样帮老人家把脓底吸出来。"儿子说："我这里早就准备好了。"说着，只见他手拿一根麦管就要给老人家吸脓底。"别，别，就这样给我上点药就行了，千万不要再吸了，万一要是不小心吸到嘴里，岂不活活把人脏死。"老人家着急地说。女主人笑着说："你就放心吧，过去他爸的疮就是靠他给吸好的，他对吸脓底可有分寸了，保证吸不到嘴里去，只有吸净了脓底药才能发挥更大的作用啊。"老人家无奈，就只好客随主便了。吸完脓底之后，不一会儿的工夫，女主人已经熟练地把金疮药上好。老太婆千恩万谢，一再称赞母子俩的心肠好，为人厚道……接着老姐俩又聊起了家常。老婆婆问道："你家几口人？以何为生？"女主人答道："孩子他爹前年因病去世，如今就是我母子二人。生活情况嘛，多亏了祖上有点儿家底，但如今也是坐吃山空。可喜的是我这儿子很有出息，他从七岁上学，把书念到十五岁，单等来年科举，但愿殿试能一举成名。"老婆婆说："听说你家自祖上就居住在广阳镇，一辈辈总行善事，我料定他必有大成。你就等着听候佳音吧。""但愿如此呀，但愿如此！"女主人高兴地说，"光顾扯闲话差点误了正事儿，石义呀，你快去给老人家拿点儿吃的来。"不一会的工夫，石义已经按照母亲的吩咐端来一碗粥和一块加了咸菜条的玉米面饼子。

临走的时候，老人家从衣兜里掏出了一只小黄裱纸船，很郑重地对娘儿俩说："有几句不可泄露的天机说出来你们娘儿俩一定要听个仔细，本月中旬十六日这一天，广阳必定有劫难，夜晚进船莫进屋，保你母子俩安全。此船不只防地陷，水到尚可自扬帆，远去漂洋能过海，近处随意可靠岸。"言罢，再看老人时已经踪影不见。

母亲忙问："方才老人家所说的话什么意思？"由于儿子乡试会试成绩都很好，在京南已然是很有名气的才子，对老婆婆所说的这七言诗颇有领悟，便逐句给母亲做了解释。母子二人深信这老婆婆绝非凡人，一定是神仙刻意来点化，故此决定一切按诗行事……

且说到了阴历六月十六这天晚上，母亲首先把老婆婆所赠的竹叶小船放在院中，说来也真怪，只见那小船见风就长，不一会儿长了足有半间房长。母子二人不敢怠慢，急忙把行李包裹等贵重家资和吃食一一搬到船上，然后母子二人一起上船休息，可是因心中有事，翻来覆去总也睡不着。大约到三更时分，忽然听到地下有沉闷的隆隆地震声，并感到大地在颤抖，紧接着天空乌云密布，电光闪闪，雷声轰鸣，搬倒缸似的大雨当空泼下。与此同时，决了堤的永定河水汹涌澎湃，声如牛吼般咆哮着滚滚而来，此时的小船飘然而起，随着风浪向着东南方向荡然而去。

到了第二天中午，小船行至一个村镇。石义抬头看见镇头有一牌匾上写有"武清县黄花店镇"七个大字，便大声叫道："妈呀，这下可坏了，我们光顾胆小，没想把神仙的话都给忘了，如今已经到了武清县黄花镇，再不靠岸就真的要从天津入海了，这可怎么办呢？我看您热土难离的想法算是落空了。"话音刚落，只见娘儿俩乘坐的这只小船，突然调转船头，扬起了风帆，一阵东南风大作，小船好似离弦之箭，逆流原路而返。母子二人会心地笑了，心中万分感激那位"活菩萨"老太婆。在回去的路上，尽管是乘风破浪，但母子二人心中却十分安然。放眼上游，忽见巨浪卷来了一团黑乎乎物件，不一会，这团黑物漂近了小船，石义一细看却原来是紧紧抱成一团的蜜蜂。这团蜜蜂接近小船之后便紧紧抓住了船帮，母亲怕巨浪把蜜蜂冲走，便让儿子用红糖把蜜蜂引到了船上。就这样，一路上娘俩又救了一窝小黑蚂蚁、一窝大红蚂蚁和一条菜花蛇。当夕阳西下的时候，船儿停在了东岸。母亲让儿子把这些小动物都安置在高岗的密林深处，并且给蜜蜂留下了一包红糖，给蚂蚁留下了一个饽饽。而后，母子二人带上全部家当朝着东北方向的一个村落走去。原来他们所到的正是女主人的娘家半壁店村。从此，母子俩有了安身之处。

光阴似箭，转眼又是一年。第二年盛夏的一天，石义到庞各庄镇去赶集，在十字街头看到了一张非常醒目的告示，大意是京城芦天官的女儿得了一种怪病，长期昏迷不醒，请了诸多名医诊治终不见效。芦天官急中生智：一是悬以重赏，声称有能治好小姐病症者愿赐千金；二是天官愿奏明圣上，授予七品知县；三是年貌相当者愿招为佳婿，喜结良缘。石义看罢，心中暗想：可惜自己不懂医道，如此好事却只能是可望而不可得。他到家之后总是闷闷不乐，连中午饭都吃不下去,便索性昏然睡去,刚一合眼就入了梦乡,只见自己营救的那条菜花蛇对自己耳语道:"恩人,你如果想为天官的女儿看病,我这里有一妙方。"石义连忙问道:"你有什么妙方快快说来我听听!"菜花蛇说道:"这个方法简单得很,只须你把我的尾巴用刀剁下二寸长,用砂锅焙干轧成面,用黄酒调后让小姐服用,保证药到病除。"石义说:"这如何能行,这样做不但要你遭受疼痛之苦,而且还将变成一条秃尾巴小龙。"菜花蛇说:"如果去年六月不是恩人救了我,我哪能活到今天?我的尾巴即使剁去一节还能慢慢复原,所以我恳求您给我这个报恩的机会吧。"石义见菜花蛇诚心诚意地苦苦哀求,又想到蛇尾巴不久又会自己长出来,就同意了它的请求,拿起菜刀朝菜花蛇的尾部砍去,手起刀落,只见那二寸长的尾巴砍下后仍在摆动,再看菜花蛇时早已踪影全无。石义一着急醒了,原来方才的情景竟是个梦。他睁眼一看,蛇尾和沾满血迹的菜刀都在眼前。对此,石义颇感茫然,他急忙喊来母亲,把方才似梦非梦的情景和庞各庄见到告示之事说了一遍。母亲说:"依我说,既然如此,不如就照梦中菜花蛇说的去办,万一事成对咱们家来说岂不是一件天大好事?"石义点头称是,立即按菜花蛇所说的如法炮制。完毕,他辞别了母亲,到庞各庄去揭了告示,声称自己能治好小姐的病症。差役当下让他同乘快马赶回了京城。只冲服一剂石义所赐之药,芦小姐便立见功效,苏醒了过来。芦天官夫妇二人欣喜若狂,立即召见了石义,问道:"你这次给我女儿看病用的是什么药?""苏醒更生散。"石义答道。"京城内皇家的太医院因何竟无此药?"芦天官问。"因为这是我家祖传的秘方,别人岂能知道?"石义怕天官再往下问。"你是要赏金哪,还是要官职?""这两样我都不要!"芦天官一听,心中暗想:看起来这位年轻人一定要我的女儿。按说,此人与我女儿年貌确实相当,但可惜他只是个乡下人。我的女儿怎能与一个没有官职的人匹配呢?可我在告示上因急于看好女儿的病,并没顾这许多,像我这样的人又怎能出尔反尔呢?突然,他灵机一动,随之一计涌上心头,开言说道:"那咱们就按告示所说的办。但是,有一点需要说明,那就是你与我女儿的婚约关系是确定无疑的,但成亲的事得等到你金榜题名之后再说。"

石义一听此话,心中凉了半截,他不加思索地说:"你在告示上明明说凡是治好了小姐的病的，如果年貌相当就可结为夫妻，怎么如今我已治好了你女儿的病，你又说只承认我与你女儿的婚约，成亲的事儿非得等金榜题名之后，难道这'官职'二字就如此重要吗？"石义义正词严地问道。"莫急，莫急，你且听我把话说完。如果你想立即成婚，我有两个小小的条件你必须依从：一是今日天色已晚，也不便送你回家，你就住在我的府上，我让家丁给你掺和好一斗芝麻一斗小米，给你一夜的工夫，你若能一粒不差地分开，我保证三日内你和我女儿成亲。二是成亲的那天，我将同时发十顶彩轿，每顶轿里都有一个新人，其中保证有我的女儿，其余九个也都保证是黄花闺女，只不过他们都是丫鬟而已。这十顶轿子抬到你家后任你挑选，选中哪个算哪个，至于选中选不中我的女儿，那就看你的造化了。"芦天官说罢，拂袖而去。

　　石义由芦府家丁领进了一所书房。晚饭后，早有家丁把掺和好的一斗米一斗芝麻送到了石义面前。石义心想：这位芦天官分明是在变着法儿刁难我，别说一夜工夫，就是十天十宿也分不开呀！他为难地哭了，前思后想之后，决定天一亮就去找芦天官要赏金。于是他安心地睡了。入睡不久，他耳边一个微弱的声音说道："恩人呀，请你不要发愁，区分芝麻小米这么点儿小事难不住咱们，您不必动手，用不了半宿我们就能帮您分它个一清二楚。""你们是谁呀？用什么办法能为我分忧？"石义闭着眼问道。"我们就是您去年从洪水中所救的红蚂蚁和黑蚂蚁，知道您遇到了困难，特意前来相助。"

　　石义一听困意全消，睁眼一看，嗬！只见缕缕行行一群红蚂蚁一群黑蚂蚁往来穿梭，忙忙碌碌，正在从大堆里往外叼芝麻，这时，又听那微弱的声音说道："恩人呀，你可千万别出声，门外有芦府的家丁时刻在监视着你的行动，咱们神不知鬼不觉地把芝麻和小米分开就什么都不怕了。"石义觉得蚂蚁说得很有道理，于是就闭上眼仍然装作睡觉来麻痹家丁，他索性打起呼噜。到了二更时分，只听那微弱的声音叫道："恩人哪，大功告成了！你可以去报捷了，后会有期。"石义本来就没睡着，睁眼一看，芝麻小米早已一粒不差分为两堆。他大声呼喊芦府家丁，让他们去通禀芦天官，芦天官根本不相信家丁的禀报，问道："这是你们亲眼看见的吗？不会是骗我吧？"

　　"就是借给我们胆，我们也不敢欺骗您哪，不信您就亲自查看一下。""那么我来问你，他是用什么办法将二者分开的？""开始我们见他是很发愁的样子，后来见他索性就躺倒睡了，再后来就听他鼾声如雷，没想到他醒来后就叫我们来回禀。开始我们也不信，可进屋一看，确实是芝麻和小米已经截然分开，所以只好如实回报。""好了，好了，不必再说了，我等一同前去一看便知。"说罢三人走进书房，仔细查看之后，果然如家丁所说分毫不差，芦天官心想：莫非这是天意？或者是石义深通魔法？芦天官最后断然道："石义呀石义，明天我就派人送你回家，到家之后，你要做好迎亲准备，三日后我将遵守诺言，连发十乘彩轿，还是那句老话，就看你的造化如何了。"没容石义答话，芦天官再次拂袖而去……

第二天，芦天官派家丁乘快马把石义送回了家。母亲问及小姐的病情和婚事，石义一一向母亲诉说了详细经过。母亲见儿子愁眉不展，耐心地安慰道："有道是吉人自有天相，事到临头必有验应。"儿子说："但愿如此了。咱们就听天由命吧。"石义无心做任何的准备工作，白白浪费了一整天。但是他心里并不踏实，对于究竟应该怎么办，他心里总是乱无头绪，天黑之后连晚饭也没吃便茫然睡去。才睡下不久，他忽然听有"嗡嗡"声响，心想：谁这么晚还在抖空竹？不一会儿只听"嗡嗡"声顿停，一种既微弱又清晰的声音说道："恩人哪，你听到的并不是有人在抖空竹，而是我在飞。"

石义问："你是谁呀？"

答曰："我就是去年夏季您所搭救的那群小蜜蜂，知道眼前您遇到了难处，特来为你帮忙。"

"那太好了，我眼下正愁没法儿识别十顶彩轿中芦小姐究竟乘坐哪一顶呢。"

"这有何难？到了那天你只须看有蜜蜂环绕者便是。"说罢，只听嗡的一声，小蜜蜂就飞走了。石义把梦中的情节告知了母亲，母子二人兴奋得一宿都没合上眼。他母子深深感到确实是动物皆通灵性。

第二天一早起，母子俩一心投入筹办婚事的一切准备。快到傍响的时候，在一片鼓乐喧天的乐队后面，果然有十顶彩轿同时出现。只见石义的两只大眼睁得比平时任何时候都圆，他聚精会神不错眼珠地寻找哪顶彩轿顶上有蜜蜂飞旋。到了第八顶轿抬过时，他终于发现了群蜂环绕，此时他毫不迟疑地走上前去拦住了彩轿。打开轿帘一看，果然是小姐芦凤英，不觉心中大喜。芦天官听到家丁回报之后，连连点头，并且说："原来这就叫作天意难违。"

不义人以怨报德

在广阳城遭劫之夜,大雨滂沱,下到天亮才转为细雨蒙蒙。此时,再看广阳城,已然是白茫茫一片汪洋。那三神所赠小船,早已先后伴随着永定河的波浪,如同离弦之箭飘然远航。本故事单说那柳条编织的一只小船。船上端坐着母女二人,两人都是满脸的惊恐与彷徨。原来,这母女俩乃是广阳居民,母亲姓张,名郭张氏,女儿名叫郭月英。其父郭茂枝原是广阳城内的一名绸缎商,家里资金颇厚,但苦无子嗣。一年前,当女儿刚刚十五岁的时候,其父因店铺失盗,急火攻心,暴病而亡。平素一家人心地善良,深受全城人同情。她母女所乘坐的小船乃是太白金星亲手馈赠,并曾亲口告知她母女,途中可救任何生物,但是千万不要救人。母女追问为什么?得到的回答是,凡遭劫者皆是在数之人,救之必有后患。切记切记,不可遗忘!

说来也怪,待天亮之后,母女就同时看到了洪水中有一人抱着一根檩条随浪飘荡,其人见有船来,便疾呼救命。母亲深感可怜,便顺手拿起一根竹竿急欲营救。女儿连忙提醒道:"妈妈,难道您忘了那驼背老人所说的话了么?"听了女儿的话,母亲才不情愿地勉强把竹竿儿放下。正在此时,只见一个大浪打来,竟把那个水中人所抱的檩条打个人檩两分,檩条随水漂走,人却被浪打得时隐时现。只见他一面挣扎,一面声嘶力竭地呼救,眼见得再不出手相救,此人必将葬身鱼腹。母亲感到再也不能见死不救了,于是,她急忙再度拿起了竹竿，探身去把水中人营救。女儿怕母亲一人拽不动，便来帮忙。水中人见竹竿已经伸到了自己面前，便拼命向前伸手来抓。船上母女竭力相拽，水中人奋力向前游。最后，总算把水中人救上了船。母女定睛一看，原来被救之人是一个年纪轻轻的小伙子。只见他稍稍清醒之后，就跪下给母女二人磕头，嘴里说着"叩谢二位救命恩人，你们二位就是我救命的活菩萨，大恩大德，我必将终生难忘，今生今世我要全力报答！"最后，他竟然说出甘心情愿认老太太为义母，认其女儿为义妹的话。老太太说："莫急莫急，我们都不知各自的身世，哪能马上草率认什么干亲？"

"您说得很对，还是让我先说一下我的身世吧。我是大兴县广阳城人，姓胡名立，因昨夜灾情突至，父母及兄嫂均被砸死在屋内，多亏我醒得早，破窗逃出屋外，并且抱住一根檩条，若不是恩人相救，恐怕现在早已被淹死了。"

老太太说："原来你和我母女同是广阳人，莫非是我的老眼昏花，不然怎么会连同乡人都不认得？""咱们娘儿俩平常很少出门，哪能认识许多人呢？"女儿插嘴道。"是呀，因为我还太年轻，我父胡为的名字您大概一定会知道吧？"胡立说出自己父亲的名字后深感失言。心想：我父亲那个惯偷的恶名早已是全城尽知，我怎么就不加思索，脱口而出呢？

"噢，知道知道，原来胡为就是你的父亲！"老太太一听胡为的名字就联想到一年前店中失盗，大批绸缎被偷的情景，老伴儿郭茂枝就是因此事一急之下暴病而死的，听说当时此案的最大嫌疑人正是那胡为老贼。

想到此，老太太开言说道："按理说救你一条性命乃是理所应该的事，有道是见死不救是小人，所以我母女才竭力出手相救，至于认干亲的事，我看就免了吧，因为我平素最不喜欢认干亲。还有句话我说出来你可别介意，我母女二人与一个陌生青年男子在一起恐怕多有不便，不是我们撵你，以我之见，船靠岸后你最好还是去自找生路为好。"胡立听了老太太的话，明知是因自己说错了话而招得老太太马上下了逐客令，但是他仍故作镇静地说："您说得很有道理，但是您二位对我的救命之恩未报，怎忍轻易离去？""看来你对我母女二人尚不够十分了解，你应该知道，我母女二人并不是那施恩图报之人。""话虽如此，我胡立绝对不是那忘恩负义之人！您二位的救命之恩，我今生今世不能回报，来生做牛做马我也要报。不过请您放心，待船靠岸之后，我是会按照您的吩咐去自谋生路的……"话虽这样说，他心里早已是歹意顿生。他心想，既然这个老太婆对我有了戒心，我又何必自作多情，这母女俩着装不俗，钱财一定会多得是。想到此，他就一门心思专想如何清除障碍之策。隔了一会儿，只见他突然大声招呼道："二位恩人快来看呀，这有一对娃娃鱼。"这喊声引起了母女俩的好奇之心，母女俩一同走出船舱。来至船头时，趁老太太毫无戒备，胡立肩膀用力一顶，只听老太太"哎哟"一声落入河中。女儿一见号啕大哭，胡立假意拿起竹竿在水中乱搅。因为郭月英亲眼看到了母亲被胡立用肩膀顶入河中的一幕，自知留下来一定会有尝不尽的苦果，莫如随母同去，还能落得个冰清玉洁。但她同时又想到，如果我就这样死去，由谁来替我报这个杀母之仇？最后，她断然决定还是以死相拼为好。想到此，她说了声："我让你恩将仇报。"便用尽全身力气一头朝胡立撞去。不料由于她用力过猛，二人同时落入翻滚的河水之中，胡立落水后就被一个恶浪打入水底，再也没有浮出水面。而郭月英落水后只觉得头部很疼，睁眼一看原来自己正躺在一个磨盘大的龟背上。不待她多想，老乌龟已经把她送到岸边。郭月英走上岸抬头一看，只见自己的母亲正在面北而哭。老太太听到脚步声后，一转脸见女儿朝自己走来，母女抱头痛哭。哭罢，母亲说："不听驼背翁之言，果有如此凶险，莫非这次营救咱母女的还是那位驼背仙人？"女儿说："有道是救人要救到底，像这样把我们母女丢在这异乡荒野，让我母女投奔哪里？"

"依我说还是热土难离，咱们的故里虽毁，离家乡近的村庄不会没有一个，不如咱母女二人步行重回北方，你看如何？"母亲说。"您所说的我当然愿意，可是这路途遥远，只怕沿途凶险多多啊。"女儿担心地说。"丫头，我们只好听天由命了，还哪里顾得上那么多？反正总坐在这里发愁也不是个办法。""好，那咱母女俩说走就走。"说着二人同时站起身来。忽而欲行又止，母女俩同时看到了河水中有一只与自己方才坐过的同样的小船，稳稳地停在河边。

"莫非这真是咱娘俩方才坐的小船？"母亲问。"没错，您看那船上空无一人，咱娘俩快上船吧。如果咱们的东西还在船上，我们就不愁吃穿了。"女儿说。

说着，母女已经走到了河边，正愁还得淌水，低头一看那只老龟正在示意让母女踏龟背上船，母女顺从地相依立于龟背，只见那老龟四足拨水，转眼来到船边。母女上船后见食物、钱财、行李包裹依旧放于原处，心中大喜。更可心的是这只小船颇识母女心愿，待母女坐好后就自己调转船头，逆流而上，行至庞各庄村南又自动靠了岸。

从此，母女定居在庞各庄镇。由于思念家乡故土，洪水落后，母女俩还经常到广阳城原址去看看。

"活桅杆"与"活旗杆"

在劫后广阳城的遗址上，地震平息、洪水退落之后，地面高出了许多许多，平坦肥沃的良田变成了沙漠，过去的亭台楼阁劫后只能见到一些残砖碎瓦。在废墟上，有两根显露在地面以上二三尺高的木桩却显得非常引人注目。

据说，这两根木桩在当时曾引起了不少人的猜测。有人推断坐落在北城墙外的木桩是一根桅杆，也有人推断坐落在南城内的木桩是老爷庙的旗杆。然而时隔不久，周围村里的人却发现了一个天大的秘密——他们竟然说这两根木桩是"活"的。怎么个"活"法？那就是：今天把木桩砍掉，第二天仍会复原。因此拾柴人称其为"活"桅杆或"活"旗杆。据说当时这个难解之谜被一个百岁的老人一语道破。他说在很早以前，在大庄村东，确实有一条通往广阳城的运粮河（大运河）的支流，其终点就是广阳城东北城墙根下的码头。还证实，当时确有一船珍珠驶入广阳城码头，还没顾得及卸货就因大地震而陷入河底。这件事曾惊动了两个善于憋宝的南方人，他俩曾经分别在广阳城北的大庄和城西南边的东中堡找了个富裕人家，以自愿当长工为名住了下来。

住大庄憋宝的南方人憋宝前曾经围着广阳城转悠了三天三夜，才看出点门道，于是他就选择了大庄这个离广阳城的桅杆最近的村庄，并且选定了养有一头力大无比的牛的刘豁子家。他的条件是自愿给刘家扛活，只须管饭不要工钱。刘豁子心想：这么便宜的事哪能错过，当下就满口答应下来。自从这个南方人给刘家当长工以后，他除了真心实意给刘家干活以外，还尤其注意刘家的大牤牛。一是精心喂养，变着法儿尽快把大牤牛喂肥喂壮；二是熟悉牛性，变法儿让大牤牛服服帖帖听从自己的指挥，不再耍牛性。功夫不负有心人，时间不长，大牤牛就被南方人训练得非常顺从。南方人一见时机成熟，就每天深更半夜背着东家拉着大牤牛驮着套股。他走到广阳城北的桅杆旁，把套拴在桅杆头上，然后套上牛，系好牛缰绳，扬鞭打牛，让牛奋力向外拉桅杆，就这样一连拉了四十八天。

说来也怪，就在第四十八天夜里，刘豁子深更半夜觉得肚子疼，他便急忙起身去上茅厕。在如厕回来的时候，他忽然想到要顺便给牛添草，走至近前一看，牛棚空空的，他大吃一惊，急忙去叫南方人，到南方人的住处一看，屋里也是空空如也。刘豁子顿时想到怪不得南方人不要工钱也愿给我扛活，原来是他居心不良在打拐走我的大牤牛的主意。想到此他不顾天黑路坎坷，撒腿就朝村东大路的方向追去。

由于夜静更深，一出村他就听到了吆喝牛的声音。他顺着声音追去，越追越近，当追到一箭之地的时候，他不仅听出了吆喝牛的是南方人的口音，而且还模糊地看出了是南方人的身形。他转念一想，看来这南方人不是想拐走我的大牤牛，而是在利用我的牛在搞什么鬼把戏，既如此我还真得旁观一下再做主张。想到此，他索性蹲在地上仔细端详，静观其变……哪料到不看则可，他只看了不到一锅烟的工夫，就看到大牤牛从地里拉出一条大船的船头，只见那船里装着满满一船耀眼的金银珠宝。此时，刘豁子才恍然大悟，他情不自禁地独自说道:"原来这南方人是利用我的大牤牛来取宝啊，看来这珠宝船的传说还是真的，这机会我哪能错过?!"他心到身到，站起身来，一边跑一边大声喊道:"加油呀，大功就要告成了，千万不能松劲呀!"说时迟那时快，刘豁子已气喘吁吁地跑到了南方人面前，并且伸手夺过了牛鞭，随手朝着牛的肚皮狠狠抽了几鞭。由于他抽打的是牛的下身，那牛疼痛难忍，猛一撞套，只听"咔嚓"一声，两根牛套同时应声而断。再看那满载珍珠的船头和桅杆也同时沉入地底，从此以后再也没出现。

南方人说:"刘掌柜呀刘掌柜，你真是成事不足败事有余，你知道吗? 再有明天一天，就正好是七七四十九天，这船珍珠一到手，咱们两人就是富翁了，这下完了，看来你我没这个财命啊！得了，咱们俩谁也不欠谁的，你就把牛拉回家去吧，我走了。"

"别，别！难道你就再没有别的法子了吗？"

"别做梦了！它从今以后不会再出现了，不信你就去另请高人吧！"

半把金豆子

西庄，一武姓青年，家住原广阳城东，家境贫寒，冬季靠卖柴为生。一日，他又担柴去庞各庄赶早市，没想起冒了五更。他挑着木柴刚走出村不远，见迎面有一座城，城门大开，里面车马行人清晰可见。他想，怎么这么快就到庞各庄了？再一想，这根本不是庞各庄，庞各庄哪来的城墙、城门呢？这恐怕就是人们常说的广阳城吧。

出于好奇，他放下柴挑儿，径直向城里走去，进城后，只见那街道两旁商店林立，路上行人车水马龙，不但没有一个人理睬他，也没有听到其他人与人的谈话。他心想：莫非这广阳城真的像传说的那样是个哑城？往里走了一会儿，他忽然灵机一动，心想：别再往里走了，若是迷了路回不去就糟了。又一转念，人们常说广阳城内都是宝，我既然已经进来了，别空手回去呀！于是他便留心看拿点什么好。可巧，见眼前有一磨坊，正在磨黄豆面，他趁推磨人背身筛面的机会，一步向前从磨盘上抓了一把豆子。不想刚把豆子抓到手，筛面人可能听到了他的脚步声，一回头。小伙子一胆小，手一松，攥住的黄豆只剩了半把，他撒腿就跑。出了城，回头一看，刚才见到的城已经无影无踪了。可这半把黄豆还紧紧地攥在手里，待天亮一看，这哪里是黄豆，分明是金豆子。

一口紫金锅

在很早很早以前，四各庄村有一个老农种了一亩西瓜，靠道边的地头上种了几垄梢瓜，其中有一棵梢瓜秧结了个瓜王。这根梢瓜足有三尺长，一拳粗，白绿色，打眼得很，在路上行走一眼就能看见。一天，一个拉着骆驼的南方人看见了这根梢瓜，站下来打量了许久，对老农说："老人家，您把这根梢瓜卖给我吧，我多给您钱。"老人见他诚心想买，当下就答应了可以卖给他。问他给多少钱，他出口就给六钱银子，老农连忙说："行行行！"南方人又说："行是行，可当时我不摘走，切记熟的越老越好，到时我自然会来取瓜。您可千万别摘下来。到时咱们一手交钱一手交货。"

南方人走后，老人细心看管着这根梢瓜，唯恐怕人偷走。谁知没等南方人来取瓜，瓜秧就黄了，不久瓜秧就死了。老人心眼一活动，就把这根梢瓜摘下来放在瓜铺底下保存起来。

后来，南方人果然来了。他一看老人把瓜摘了，心中老大不悦，沉吟了一会儿，又对老人说："我对您实说了吧，这根梢瓜就是打开广阳城门的钥匙。您这一早摘恐怕十有八九不能用了，不过咱们还是撞撞大运，但是您必须与我合作。"老人同意。到了半夜子时，两人来到广阳城旧址，南方人把梢瓜放在了预先看好的位置。一眨眼的工夫，发现两人正站在城门下。不一会儿，只见城门徐徐裂开了一道缝，缝越开越大。南方人对老人耳语道："我进去你在这里看着，只要门缝开始往里合，就说明钥匙太软。你可千万要拼命叫我，不然我就再也出不来了。"老人点头会意，南方人立即进入城内。谁知南方人才走不远就听见老人的喊声，他不敢怠慢，边往回跑边搜索着可拿的东西。跑到距城门不远的一个炊具店，他发现店门前有一摞七印锅，便不管三七二十一背起一口就走。他刚跑出城，只听一声巨响，城门就关上了。南方人遗憾地说："咱们俩就是这点儿财命。"天亮后，找懂行的人一确认，这是一口紫金锅。

两块竹帘子

传说，在很早以前庞各庄还是东西向大街的时候，在东头路南有一个张姓老字号炸锅子，专卖油酥火烧和油炸鬼。由于他家的油炸手艺高超，买卖甚是兴隆。一天，一个南方人非要出大价买堆放油炸鬼的两块竹帘子，老板就是不卖，因而争吵起来。经人说合双方才言归于好。主人要请客人吃酒，二人越说越投机，越喝越高兴，南方人不知不觉已有醉意。有道是酒后吐真言，南方人非常神秘地冲着张掌柜说："不是我喝你这两盅酒说醉话，你知道我为什么非要买你这两块放油鬼的竹帘子吗？我实话对你说了吧，你这两块竹帘子是无价之宝。"

"我这两块竹帘子是传了辈的东西了，这么多年我也没发现他有什么新鲜的，怎么会是无价之宝呢？"张掌柜莫明其妙地追问。

"我索性都告诉你吧！在你们的庞各庄东边，古代不是有个广阳城吗？尽人皆知这广阳城里全是宝，一般都在半夜子时出现。你那黑咕隆咚的竹帘子就是取宝的，到时候只要把它一点着，不就什么都能看得清了吗？"

"那什么时候去呢？"张掌柜迫不及待地追问。

南方人非常神秘地说："广阳城是六十年一现，依我看今天夜里子时以后就是广阳城出现之夜。所以我想与你商量一下，今夜索性咱们带上你的竹帘子，咱哥儿俩一起去，得了宝贝咱们二一添作五平分行吗？"

张掌柜嘴里连忙说:"那太好了!"心里却在想:这样的好事,我哪能让你白得一半,说着他频频劝酒。南方人自然也不傻,也是害怕因酒误了大事,故而假作醉意。张掌柜以为南方人上了他的当,将至三更时分,趁南方人"熟睡"之机,夹起两块竹帘子就疾步如飞朝着广阳城的方向走去。南方人眯缝着眼看到张掌柜走后,也立即尾随而去,但因天黑路生,被张掌柜甩在了后面。等到张掌柜到达时,广阳城早已出现多时。张掌柜欣喜若狂,赶快取了火种点燃了一块竹帘子。只见这块竹帘子一见火种立即烈火熊熊,张掌柜举着竹帘子走了几步就被火烤得难以忍受,又走了几步连眉毛头发也都烤焦了,哪里还顾得上看广阳城里的什么金银财宝。当第一块竹帘烧完,张掌柜点着第二块帘子的时候,南方人才从老远朝着火光的地方跑来。说时迟那时快,等到南方人跑到张掌柜近前时,第二块竹帘子早已烧得少了半块了。因此,他们只能借着火光饱饱眼福,什么也没捞着,就又一前一后急着跑出广阳城。南方人一句埋怨的话也没说就走了,张掌柜只有暗自责怪自己不该贪心太大,不问明白就乱来。

哑人城的由来

广阳城毁灭后,有人把它称作"哑人城"。这到底是怎么回事呢?从前,在广阳城东,有个名叫四狗庄(现称四各庄)的小村,村里有个三口之家——老太太、儿子和儿媳。这家姓刘,儿子单名一个旺字,全家人主要靠刘旺农忙种地、农闲打柴维持生活,小日子过得还算说得过去。

一年冬季,刘旺要到离本村最近的庞各庄镇早市上去卖柴,不料起冒了五更。他睡眼惺忪地挑着柴刚刚走出村约二里来地,就被一座高大的城墙拦住了去路。他心想,真见鬼,这方圆几十里就根本没有城池,哪里来的城墙?他左思右想总觉得奇怪,索性放下柴担蹲在地上,吧嗒吧嗒地抽起了旱烟。他边抽边想,一袋烟的工夫他才想出了点儿头绪。于是,他自言自语地说:"莫非这就是传说中早年间坐落在我们村西六十年一现的广阳城?那可太好了,今夜有幸让我赶上,这可真是祖上有德,今生有缘啊!趁此机会,今夜我要是不去看上一眼,岂不要后悔一辈子?"可是,他又到哪里去找城门呢?他想,按照地理条件,这儿应该是东城墙,并且应该是距离南城门最近,要是顺着城墙根儿一直朝南走再往西一拐弯儿不就快到南城门了吗?对,就这么走。想罢,他迈开大步一直朝南走去,一边走一边祈祷:"但愿这是条近道,但愿我有这个开开眼界的福分。"有道是心急步伐快,只觉得没用多久就已经走到了广阳城南门。他放眼望去,只见那里人头攒动,灯光耀眼。见此,他便毫不犹豫地担着柴担走进了城去。刚刚走进南城门,他就被那高高悬挂在林立的商店门前的明灯和廊沿下的红灯所吸引。只见那灯光宛如一条一眼望不到尽头的巨龙,不仅照明了笔直、宽广、平坦的街道,照亮了各商店门楣的字号,还照见了那些往来如梭的男男女女老老少少的容貌。

  他一边往前走一边东瞅西看,恨不能一下子把市面上的所有景色一下子尽收眼底。当他看到这些林立的商店既有茶馆、酒肆、大饭店,又有珠宝、玉器、绸缎庄,只觉得心花怒放。尤其是当他看到商店那琳琅满目的货物时,竟然情不自禁地赞赏道:"真没想到这小小的广阳城的繁华热闹劲儿和京城不相上下啊!虽然说这儿的楼房比京城少,但是依我看这高大的瓦房也不比楼房逊色。当然,这儿的货物品种虽说已经是应有尽有,但是这儿的买卖的家底儿与城里的相比要小许多许多。"突然他想起了光顾着赞赏和点评,竟把顺便卖柴的事儿给忘了。于是,他便几次主动朝着对面来人询问买不买柴。不料,他每次受到的都是不理不睬的冷遇。他心中暗想:这些人怎么如此不通情理?你买不买柴我不恼,不该把我刘旺不当人。一气之下,他决定宁可不卖,也绝对不再低三下四去恳求这些人了。他又向前走了一会儿,不觉已经走到大街中心,老远就看见在一座庙前人山人海,走近一看才知这里正在唱着对台戏。因为他担着柴担不便往人群里挤,就站在一个较高的地方用心地去听里面唱的是什么戏。没想到不听则可,一听气就不打一处来,原来他站的地方距离戏台并不太远;但是,只见演员比比画画打打杀杀却听不到一点儿声音。他想,莫非这儿的人都不能说话?不对,也能发出别的声音,怎么这些人却一点声音也没有?难道他们的嘴里没有舌头?或者他们根本就是鬼不是人?想到此,他只觉得脊梁骨发凉,头发根发乍。再看身旁的男男女女个个都是身着宽衣大袖的古装。他大吃一惊,自言自语地说:"糟了,这里是六十年一现的广阳城啊!我来的时间已经不短了,此地不可久待,再不出城我就甭想出去了。如果我要是被关在城里,就再也没有生还之日了。如果真是这样,我那高堂老母和结发之妻由谁照应?"想罢,他担着柴担,一路小跑顺原路逃出广阳城南门。说来也巧,他出了南门还没定下神来,就听到那城门咣当一声巨响,说时迟那时快,当他回过头来再看方才的广阳城时,早已踪影不见了!看到的只是一片寂静的田野,听到的只是一声声夜鸟的凄鸣。

刘旺把这个亲身经历讲给人听。从那时起,广阳城也称"哑人城"的故事就流传开来,一直传到了如今。

后记

拿到学苑出版社提供的授权委托书模板，我和大兴区文化馆群艺部的周树莲兴冲冲来到了梨花村寇殿荣先生的家。院子里老人的家属都在，当我们说明来意，家人把我们带到寇老床前，已经陷入昏迷的他突然来了精神，从民间传说聊到诗词歌赋，从身体近况聊到岁月过往。我眼泪突然间控制不住地落下，忍住悲声冲出门外，心隐隐作痛。

三十五年前的春天，文化馆组织采风。我们一帮青年骑着自行车沿永定河左堤路一路骑行，来到当时还称为"南庄"的梨花村，接待我们的就是寇老。当年四十多岁的他跟今天病榻上的人没有两样。在我的印象里，寇老永远没有年轻过，黝黑的皮肤，平凡的谈吐，一点没有作家的架子，彼时他可是我们大兴在《北京日报（郊区版）》见报率最高的作者。那一顿饭是在农村街边上吃的，烙饼就着萝卜白菜大葱和腾起的尘土……

几十年来，也许连寇老自己也不知道给多少人讲过梨花。正是在他娓娓道来的讲述中，他生活的村子变成了"梨花村"，京开高速上有了"梨花桥"。"梨花节"也应运而生，成为庞各庄镇的一张名片，成为大兴区旅游的窗口，也成为京南有影响力的一个文化品牌。

《广阳城的传说》即将出版，但是并没有挽留住寇老的生命。2020 年 11 月 7 日，就在签下委托书的三天后，寇老永远地离开了我们。我们不知道该为这本历尽坎坷的作品在寇老去世之后终于可以正式出版而欣慰，还是为没有在老人生前让他看到自己这部作品的出版而遗憾！

千亩万亩梨花海
寂寞了多久
一片片梨花落去
谁记得花的洁白
一棵苍老的梨树
已经模糊了当年繁华
只有当树下走来　你
才唤醒老梨树的记忆
才有了梨花村的风采

每到梨花盛开
每次走到那棵贡树下
都会有你站在那里
神采飞扬
讲述一个乡村的传说
六百年的历史
宛署杂记的笔墨
被你赋予了生命
永定河畔的梨花村
开始了崭新的纪元

我已经习惯了
那棵贡树下你的身影
当你远离我们而去
我设想了无数次

以后再来那棵贡树下
依然愿意看见你的身影
我想象不出来
贡树下会出现一个空白
一个面孔黝黑的老人
会在这里淡然消失

于是我相信
假如明年春天还会来
梨花还会开
我们还会来到贡树下
心里眼里都告诉自己
梨花树下
必然还有你的身影

这首诗是大兴作家协会副主席杨喜来的作品。他和我有着同样的感受，我也是从他这里知道这本由寇殿荣、张连和、赵景贤三位老先生合著的《广阳城的传说》的。而那已经是2017年的事了，稿子是孙英才大哥征集来的，喜来进行了编校。那时候，我们都在给大兴区史志办帮忙，聊起大兴文化圈的老人。这三位也都在八十岁左右了，我们觉得作为晚辈应该为他们做些什么。其间，各种原因，几番反复，书稿始终未能正式出版。

后来，喜来在朋友圈和永定河文化微信群里转发了他为《广阳城的传说》写的序言，我跟帖诉说了数年来的无奈与无助。"广阳城"的传说是国家级非物质文化遗产代表性项目"永定河传说"的重要组成部分，在永定河沿岸的石景山、丰台、房山、大兴、涿州、固安、永清、安次、广阳及周边地区广为流传，是民间文学和口头文学的重要代表。我们不能拿纯文学的语言来衡量，也不能拿它当作学术著作来考证，今天的传说有可能在明天的考古挖掘中得以证明。

我们在朋友圈里发泄无奈，主要源于《广阳城的传说》的另一位作者赵景贤先生的离世。赵老是 1948 年参加革命的老干部，曾经是一位大兴区高级领导干部的警卫员，也曾经长期在地方上任职。他一直保持着革命者的精神，一直生活在庞各庄镇东南次村的普通民居里。我是通过大兴抗日战争口述史的采访结识老人家的。在采访中，赵老为我们讲述了大兴地区战争年代的故事，也为我们现场哼唱了多首当年部队上的革命歌曲。赵老是庞各庄乃至大兴地区的历史文化活化石。我对他讲述的南路烧酒、陈老耗子、马汉三及永定河的夯歌都极有兴趣，本来想做一个系列的跟踪采访，做了一半，老先生的身体每况愈下。很遗憾，采访没有完成。赵景贤老师是在北京新冠疫情二次反复前后离开我们的。我们没能送上一程，2020 年 10 月 17 日我们为赵老举行了追思会。在追思会上，我们也向朋友们简单汇报了此书的情况。

我们情绪化的文字被北京联合大学应用文理学院院长、北京学研究基地主任张宝秀老师看到了，她让我们把稿子发给她，看看有没有出版的可能。奇迹真的发生了，后来张宝秀老师打来电话，说北京学研究基地和学苑出版社决定联合出版这部作品，纳入北京学研究基地主编的《北京学丛书》。于是，才有了本文开头的一幕。

为《广阳城的传说》出版而欢欣鼓舞的莫过于作者中唯一健在的张连和老先生，八十七岁高龄的他已经发表了一百多万字的作品。他至今仍笔耕不辍，每天除了吃饭遛弯就是端坐在写字台前，一笔一画地继续着理想。老先生说没想到这部作品能够在他有生之年正式出版，让我代表他对参与本书编辑校对的老师们表示感谢！对北京联合大学北京学研究基地表示感谢！对学苑出版社表示感谢！对此书出版过程中所有给予支持和帮助的朋友们表示感谢！

我们诚挚地邀请老师们，在将来的某一天，再次踏上左堤路，来广阳城寻古，听永定河夯歌，赏梨花村秀色。

杨景波
2020 年 11 月 28 日